悩みが武器になる働き方

20代の今、考えておきたい仕事のコト

しつもんコンサルタント
河田真誠

徳間書店

イヤなことがあるなら、
自分の手で変えていけばいい。

はじめに

僕たちは、古いものを壊し、新しいものを創造することで、未来を創ってきた。明治維新、フランス革命、キューバ革命しかり。

僕たちの「仕事」も今、変化を必要としている。

納得いかない考え方は受け入れなくていいし、イヤなことはしなくてもいい。いつまでも我慢し続ける必要もない。とは言え、不平不満を口にしても、「いつか……」と待っていても、目の前の現実が変わることはない。

次の時代を生きていくのは、あなただ。あなたが心から納得して働けるように、そして、最大限の満足感を得られるように、あなたにとって最高の「仕事」や「働く」を一緒に創っていこう。

全ては自由だし、全ては思い通りだ。

さあ、どうしていこうか？

この本は、あなたにとって意味のある一冊になるだろう。

あなたの「働く」がより良くなるだけでなく、「人生全体」が大きく動きはじめていく。

と言っても、私の意見を押し付けるのではなく、あなたにとって「最高の答え」を一緒に見つけていくための本だ。

まずは、ちょっとだけでいい。

本から顔を上げ、深呼吸をして、次の質問を考えてみてほしい。

あなたは……

○最高だと思える人生を歩んでいるだろうか？
○本当にやりたいことができているだろうか？
○他人の顔色を窺うことに疲れてないだろうか？
○今の自分に「いいね！」と言えるだろうか？
○こんなものか……と諦めていないだろうか？
○心をすり減らせていないだろうか？
○何のために働いているのだろうか？
○このままで大丈夫だろうか？

どうだろう？
一つでも心に引っかかるものがあったなら、この先を読み進めてほしい。
読み終わる頃には、全ての質問がスッキリしているはずだ。

仕事の悩みを武器にする

あなたは今、どんな状況だろう？

夢や希望を持って社会に出たのに、現実は違っていて「こんなものだ」と違和感を押し殺そうとしていないだろうか？

言われるままにがんばってみよう！とがむしゃらに進んでいるが、心も個性もなくなっていくことにストレスを感じていないだろうか？

なかなか思うような結果が出ずに、自信を失っていないだろうか？

先輩や同期と比べて、自分の存在意義を見失い、自己嫌悪に陥っていないだろうか？

もっと成長しなくては！と自分を追い込みすぎて、心のバランスを崩していないだろうか？


このままでいいのか……

自分がおかしいのか……

何をどう変えればいいのか……

そんなことでモヤモヤしていないだろうか。

もしかすると、あなたは「モヤモヤしている」ことをイヤだと思っているかもしれないが、僕はあなたに「おめでとう！」と言いたい。なぜなら、あなたはとてもいい状態にいるからだ。仕事をしているのに、モヤモヤした気持ちや何の違和感も持っていないのであればその方が問題だ。モヤモヤしているということは、ちゃんと問題を見つけられているということ。問題がわかれば改善していけるので、このモヤモヤはあなたがより豊かになっていく上で欠かせない大切な感情だということだ。

モヤモヤは、そのままにしておいてもスッキリはしない。友だちとグチを言い合ったり、美味しいものを食べたり、旅行に行っても、一時的にストレスが解消されるだけで、根本的には何も解決しない。また、いつか時間が解決してくれるだろうと楽観視しても、違和感はあなたにずっとついてくるだろう。なぜなら、それは「あなたが今、向き合わなくてはならない問題」だからだ。

いつまでもモヤモヤがなくならない訳

あなたも、何かに悩む時には、友だちや先輩に相談をしたり、本やインターネットに答えを求めたりするだろう。それで、何かしらのハッとするような意見やアドバイスと出会うことがあるかもしれないが、他人の意見を聞く時は少し注意した方がいい。なぜなら私たちは、「他人の考えを鵜呑みにしがち」だからだ。他人の考えは、あなたにとっては「ヒント」ではあるが「正解」ではない。誤解を恐れずに言うならば、他人の声ばかりを気にしているから、いつまでもモヤモヤし続けることになるのだ。このことを知るだけでも、この本を読んだ価値はあるだろう。

多くの人が「口コミサイトを見てレストランに行ったけれど、思ったほど良くなかった……」という経験があるだろう。これは「みんなの良い」と「あなたの良い」は大きく違うということだ。口コミの評価が高いということは「そのお店を良いと思っている人が多い」というだけであって、「あなたに合っている」という話ではない。

これを勘違いしてはいけない。あなたにとっての「良い」は、あなたにしかわからないはずだ。

同じように、今抱えているモヤモヤの答えも「あなた」の中にしかない。あなたが何を思い、どう行動していくかは、あなたが決めるしかないのだ。

誰が何と言おうと、あなたが「良い！」と思うならそれでいい。周りにヒントを求めることはできるが、周りの賛同を得る必要はない。むしろ、「周りが良いと言っているから、良いはずだ……」と自分の考えを曲げたり、「これが良いと思えない自分がおかしいのか……」と自分を責めてしまう方が問題だ。もし、みんなの「良い」を聞いたとしても、本当は「良い」と思っていないのだから、そのギャップに苦しむことになる。自分をごまかすことはできない。他人の意見やアドバイス、常識、一般論みたいなものに振り回されるのはもうやめよう。あなたの正解は、あなたの中にしかない。自分の中にある「答え」を見つけていこう。

自分の答えを探しにいこう

この本では、「働く」ということをテーマに、あなたの中にある「答え」を見つけていく。

読み終わった頃には、モヤモヤはすっかり晴れ、重い荷物を肩から下ろしたようなスッキリした気持ちで、また明日からを生きていけるだろう。それは、今だけのことではなく、これからの一生に関わることだ。

今、あなたは、目の前にある人生の道は一つだけだと感じているかもしれない。道がないと思っている人も、もう歩きたくないと思っている人もいるかもしれない。しかし、この本を読み終わった頃には、実は見えていなかっただけで、目の前にはたくさんの道があることに気づけるだろう。しかもあなたは、その中でどの道に進みたいかよくわかっている状態になれる。

しかし、この本さえも鵜呑みにしてはいけない。僕の意見には、賛成でも反対でもいい。ただ、あなたが「働く」ということを、ちゃんと考えるきっかけになってくれればそれでいい。自分の頭で考えていこう。

すっかり遅くなってしまったのだが、ここで簡単に自己紹介をしたい。

僕は「河田真誠《かわだしんせい》」だ。気軽に「しんせい！」と呼んでくれると嬉しい。

「質問をする」ということを仕事にしていて、企業で研修やコンサルティングをしたり、各種団体や学校などで講演をしたり、自分でもセミナーなどを開催している。テーマとしては、企業経営やマネージメント、起業や自己啓発など、いろいろなことを扱っているのだが、普通のコンサルタントや講師とはちょっと違う。僕は何も教えないのだ。僕はいつも質問をするだけ。相手は、僕からの質問を考えることで「自分の答え」に気づき行動していく。僕がしていることは、その人たちが「自分で考える」ということを後押ししているだけなのだが、これが本当に大きな変化につながっていくと好評をいただいている。この本でもたくさんの質問をしていくので、自分自身と対話することを楽しんでほしい。

第1章　自分の人生を生きているか？　21

第2章　あなたはなぜ、働くのか？

第3章 本当にやりたい仕事と出会うには？

第4章 惑わされない働き方とは？ 153

第5章　いつでもどこでも生きていける自分になるには？

第6章 20代の今、やっておきたい10のコト

1

自分の人生を生きているか？

「自分らしさ」のワナ

今は「個性の時代」と言われ、「自分らしく」「ありのままに」という言葉が溢《あふ》れている。

確かに、少し前までは、みんなが同じように、疑うこともなく「たくさん働いて、たくさん稼ぐ！」と考えていた時代があった。しかし、今では「残業はしたくない」「休日出勤なんてもってのほか」「給料は少なくてもいい」「出世したくない」「会社の飲み会よりも、プライベートな時間が大切」などのように考え方は多様化していて、良し悪しの議論はあるにせよ、「個性」として社会に受け入れられつつある。

僕も、**個性（何を大切に思っているかという価値観）を生きていくことは、本当に大切だ**と思っている。

しかし、あなたが「個性」だと思っているものは本当に「個性」だろうか？

あなたが考えていることは、「あの人が言っていたから……」「テレビでやっていたから……」と、どこかで聞いた都合のいい話をよく考えもせず鵜呑みにしているだけではないだろうか？　**あなたが「個性」だと思っているものは、気づかぬうちに自然と刷り込まれているだけのものかもしれない**のだ。

僕が中学生くらいの頃、ちょっとやんちゃをすることが流行《はや》っていた。タバコを吸ったり、先生に歯向かったりすることがかっこよかったのだ。いや、そういうことがかっこいいという空気があったのだ。あの時、一人ひとりに「タバコや歯向かうことの何がかっこいいの？」と聞いたとしても、誰も具体的には答えられなかっただろう。周りの空気に流されていただけだ。今思えば、何ともかっこ悪い。

今の僕たちも、周りの空気やネットの情報、世論などに流されている可能性はとても高い。そんなのは個性でも何でもない。

また、一見勘違いしがちだが**「他の人と違う」ということが必ずしも個性であるとは限らない**。例えば、金髪でモヒカンヘアーにしてタトゥーでも入れれば、多くの人とは違うかもしれない。けれど、そんな人は世の中に山程いて、そこに行けば「みんなと同じ」だ。個性でも何でもない。

個性とは「あなたがあなたのままに素直に生きているか」ということであって、「他と違うか」ということではない。言い方を変えると「きちんと自分の考えを持って生きているか」ということだ。結果として、それは人と同じかもしれないし違うかもしれないが、それはどうでもいい。個性はあなたの中に自然と生まれるものだ。なぜ僕たちは「自分らしく……」のような言葉が流行るほど、個性をなくしてしまったのだろう？

余談だが、こういう話をすると、「真面目だね」「考えすぎなんじゃない」と冷やかしてくる人が必ずいる。あなたがより良い人生を送ろうとしたり、夢を叶えようとがんばる時にも、「無理じゃない？」「人生はこんなものだよ」「大人になりなよ」なんて言ってくる人がいるだろう。そんな人の声に耳を傾けてはいけない。その人は、自分にとっての「正しい」という話をしているにすぎない。踊らされることなく、自分を生きていこう。しかも、こういう人は、さもあなたのことを心配しているような顔をしてやってくるから注意した方がいい。

誰かの操り人形になっていないか？

僕はその昔、「お金はたくさんある方がいい」と思っていた。「なぜ、お金は多い方がいいの？」とか「お金を何に使うの？」と考えることはなく、何の疑いもなく漠然と「お金は多い方がいい」と信じていた。自分の頭で考えていなかったのだ。

これは日本で生まれ育つと仕方のないことかもしれない。僕たちは、小・中・高校くらいまで「答えを教わる」という教育を受けてきた。「考える」ではなく「記憶をする」が大切だったのだ。「おばあちゃんが困っていたら助けてあげましょう」などという「正解」を教わり、記憶することに慣れていて、「おばあちゃんが困っています。どうしますか？」という自分で「考える」時間を過ごしてこなかった。さらに、自分の意見を主張するよりも、大人の言うことを素直に聞く子が「良い子」だとされてきた。個性が育つような環境ではなかったのだ。

「教わる」ことは悪いことではない。知らないことは考えられないのだから、考えるための材料が揃うまではちゃんと教わることが大切だ。

親や先生など人生の先輩から、時間の使い方や物事の捉え方、価値観など、言葉だけでなく態度や雰囲気から学んだこともたくさんある。例えば、親がいつも本を読むような習慣があれば、きっとその子どもも本を読む子に育つだろう。仕事を楽しくしている親の元に育てば、仕事に対して良いイメージを持つだろうし、逆に、いつもグチや不満ばかりの家庭で育てば、仕事はイヤなことだと自然と刷り込まれていくだろう。

しかし、**「教わる」だけでは限界がある**。あなたと周りの人は生き方も考え方も価値観も違うから、いつも同じ答えなはずがない。また、全てのことに対して、いちいち誰かに「これはどうすればいいですか？」と答えを求めてもいられない。もう誰かの操り人形になるのはやめよう。**これからは、「自分はどう思うか」「自分であればどうするだろうか」と考え、決断していくのだ。**それをしないからグチや不平不満を言いながら、他人の人生を生きていくことになる。

今、僕は「あなたはダメだ」と言っている訳でも、「これまでに教わったことがダメだ」と言っている訳でもない。僕が言いたいのは、あなたの答えは、「ちゃんと自分で選び決めたものなのか？」「納得ができているのか？」ということだ。きちんと考えた結果、考えが変わることもあれば、変わらないこともあるだろう。どちらにしても、**一度「考える」という時間をつくることで、「誰かの考え」ではなく、納得のいく「あなたの考え」になる**のだ。

「ちゃんと考えよう」という話をすると、「面倒くさいから答えを教えてほしい」と思う人も多いだろう。そんな人は「私の人生はあなたに任せますから、好きにしてください」と言っているのと同じだ。しかし、例えば上司が「こうしてよ」と言ったら「イヤだ……」とグチを言うのだろう。そこには「自分の気持ち」があるのだから、他人の土俵で生きていくのではなく、自分がどう思うかを大切に生きていった方がシンプルで自然ではないだろうか。

どうせ……と諦める前に

自分で考えることは大切だとわかっているけれど、「どうせ考えてもムダだから、考えることをやめている」という人もいるだろう。確かに、気づかない方が幸せなこともある。しかし、モヤモヤしているということはすでに気づいてしまっているのだ。もう引き返せないのだから、気づかないふりや、自分をごまかすことはやめて、じっくり最後まで考えて、思考に結末をつけた方が気持ちよく生きていけるだろう。

また、「どうせ、世の中はこんなものだ」と理想を望むこと自体を諦めている人もいる。確かに、自分でたくさん考えたとしても、社会の中では「それは理想だよ」とくだらない現実を押し付けられることもある。僕の知り合いの中に、夢や希望を持って就職活動をし、それを叶えられそうな企業に入った人がいる。新人研修でも夢のある話ばかりで、ワクワクした気持ちを持って現場に出たのだけれど、いざ現場に出てみると、理想と現実のギャップに大きな違和感を持ってしまった。上司や先輩に相談しても「会社ってそんなものだよ」「世の中ってこんなものだよ」と言われるだけ。はじめの内はそれでも自分の意見を持っていたが、徐々に「自分をなくしていく」ことに慣れてくる。やめるきっかけが見つからないまま1年が経った頃には、同じように違和感を持つ後輩に「世の中ってこんなものだよ」と言う方になっていた……。

社会の中でうまくやるコツは「自分を押し殺すこと」や「自分の考えや感情をコントロールすること」だと思っている人は多い。しかし、それでは知らず知らずのうちにストレスが溜まり、やがては心の病気になったりする。**幸せになるために働いているのに、不幸になったのでは意味がない。どんな時でも、あなたは自分を失ってはいけない。**何の意識もしないでいると、自然と「自分」は失われていくのだ。「そんなことないよ！」と思う人もいるかもしれないが、企業研修などで若い社員さんとお話しすると「何がしたいのかわからない」「何が楽しいのかもわからない」という声をよく聞く。そうならないためにも、**周りに伝わるかどうかは別にして「自分が何を感じているか」「何を考えているか」はちゃんと意識しておく必要がある。**相手に話せない環境なのであれば、日記などでもいいので書き留めておくといい。

世の中は自分で変えられる

「自分で考えた通りに生きていけたらいいよ。けれど、そんなのは理想論であって、現実はそう簡単にはいかない。やらないといけないこともたくさんあるし、我慢しないといけないこともたくさんある」と思う人もいるだろう。

それはたしかにそうかもしれない。しかし、今、目の前にある現実はあなたが創ってきたものだ。昨日までのあなたが選択してきたことの積み重ねが、今、目の前にあるのだ。それは意識的に選択してきたことで創られている現実もあるだろうし、「行動しない」ことを選択した結果、創られているものもある。

今のあなたが過去の選択でできているように、これからのあなたも、あなたの選択で創られていく。今の日本社会では「絶対にこうしなくてはならない」というものがほとんどなくなっているように感じる。世界はあなたの自由なのだ。何かイヤなことに対して、いつまでも不平不満を言いながら、グチグチと生きていくこともできるし、自分にできることを考え行動し、一つ一つをより良いものに変えていくこともできる。どちらもあなた次第だ。

もしかすると、「より良くしていくことは難しい」と思っているかもしれない。例えば、会社で問題があったとしよう。それを誰かのせいにして、不平不満やグチを言うのはラクだろう。しかし、よく考えてみてほしい。そもそも、グチを言うだけでは何も解決はしない。解決しなければ問題は続く。あなたのイヤな気持ちはずっと続くし、人間関係はさらに悪くなるかもしれない。これは一時的にはラクかもしれないが、長く問題を抱え続けることは、本当にラクなのだろうか？

そんな時には、「今の私にできることは何だろう？」と考え、行動してみてはどうだろう。すぐに解決にはならないかもしれないが、前に進むことはできる。何よりも、グチを言わないでいいだけ精神衛生的に健やかだ。

相手が変わることを期待しても、それは無理な話だ。他人は変わらない。しかし、自分ができることをしていくのは簡単だ。**今、思っていることを行動すればいいだけだ。**

嫌われることを恐れていないか？

ここまで、自分を持つことの大切さを説いてきたが、自分を持つことを恐いと感じるかもしれない。なぜなら、「常識」や「みんなと同じ」というところから外れていくことになるからだ。会社の中でも、自分の意見なんて持たずに、言われるままにこなしている方が波風が立ちにくいので安全だと思うかもしれない。しかし、本当に言いたいことも言わずにいる方が安全なのだろうか？

もし、自分の意見をしっかり言ったとしたら煙たがられるかもしれない。批判されることもあるだろう。しかし、誰かに批判されることを恐れて、自分の意見を言わずに目立たないことを選択しても、それはそれできっと「あの人は、自分の意見も言わない」と批判されるはずだ。

結局、**自分を持っていようが持っていまいが、波風を立てようが立てまいが、批判をされる時にはされる**。批判をする人はどんな状態でも批判をしてくるのだから、そんな他人の目を気にしすぎることはやめて、意見を言った方がよくないだろうか?　自分もスッキリするし、自分の意見が周りに良い影響を及ぼす可能性も高まっていくだろう。

また、自分を出すことで、友だちがいなくなることを恐れている人もいるかもしれない。

しかし、みんなに嫌われたくないからと、周りの顔色に合わせて自分を偽って生きて、本当に幸せだろうか?　仮に、そんな偽った自分を好きになってもらったとしても、それは長続きするだろうか?　本音で関われていないことを後悔しないだろうか?　周りに合わせて生きても、自分の本音で生きても、どちらにしろ、あなたを好きな人も、嫌いな人もいるのだ。それなら、はじめから自分を出して生きていった方がラクだし、深いところで幸せを感じることができる。

「誰からも好かれる」なんてことはないのだから、自分が心地よく生きている姿を見てもらう方が自然だろう。

それに、周りの人はあなたが自分を表現してくれないと、あなたの気持ちを知ることができない。「わかってくれない」と嘆いても、相手も超能力者ではないのだから、伝えてくれない感情を理解することは難しい。相手がどう対応してくれるかは、相手のことだからコントロールできない。でも、自分の中にこんな気持ちがあるんだということはちゃんと伝えていこう。そのひとことで相手との関わり方が良くなっていくかもしれない。

今のあなたにしか言えないことがある

あなたが自分の考えを持つことは、あなたのチームや会社にとっても良いことだ。その理由をこれから述べていくので、あなたが自分を持つことに嫌悪感を示す同僚や上司がいたら、読み聞かせてあげてほしい。

まずは、今、多くの企業は「変化」を必要としている。ネットが普及したことや消費者のニーズが多様化していることで、これまで売れていたものが売れなくなったり、これまでのやり方が通用しなくなってきていることは多くの企業が痛感していることだろう。最近、長く愛されていた定番商品さえも生産中止になったり、驚くような企業が倒産したりしていることは、あなたもよく知っているはずだ。

そんな時には、これまでの既成概念にとらわれないような「斬新で柔軟な発想」が必要とされるのだが、残念なことにこれは経験値が増すほどその経験が邪魔をして難しくなっていく。企業を救うアイデアを持っているのは、経験豊富な上司ではなく、経験にとらわれない自由な発想ができて、お客様にも近い感覚を多く残している若い人なのだ。

Google社の研究結果によると、結果を出したチームの共通点は、「カリスマリーダーがいる」「チームメンバーの組み合わせがいい」「個々の能力」「チーム内の規範」「コミュニケーション方法」ではなく、「誰もが平等に自分の意見を言えるか」だったそうだ。若い人が素直な意見を言い、企業側が耳を傾けるような組織風土が創られるならば、その企業はこれからも成長していくだろう。企業が元気になるということは、当然、その先にいるお客様も幸せになるということだ。その影響力は大きい。

また、僕は専門家ではないので簡単に話したいのだが、今、すごい勢いで人工知能（AI）が進歩していて、世の中にある多くの仕事はAIにとって代わられるとも言われている。AIが進歩することを考えると、企業も僕たちも「AIと人の違い」を考えないといけない。管理や記憶、分析などはAIに任せてしまい、人にしかできないことに人は集中した方がいい。

ＡＩと人との違いで一番大きなものは、「感情」と「発想」だと思う。どちらも、あなた個人の中に生まれるものだ。それをないがしろにしていたのでは、ＡＩの時代には生き残っていけないかもしれない。

あなたが、自分の意見をちゃんと言うということは、会社にとってもこれだけの価値があるのだ。意見の良し悪しを気にしている場合ではない。あなたの意見をつまらないと思っている企業側に問題があるかもしれない。意見自体には良いも悪いもない。いかにこれまでにないものをテーブルにのせられるかが大切になってくる。**自分を信じて発言をしていこう。**

「自分」を持つために、今すぐできる5つのステップ

ここまでの話で「自分を持つことの大切さ」がわかったところで、次は「どうすれば自分を持てるか」という話をしていこう。

「自分を持つ」ということは、自分の心地よいと思えることを知り、それを大切にしていくことだ。言い方を変えると、**あなたの頭の中を占めている「誰かが創った価値観やルール」を自分の心地よいものに置き換えていくことが、自分を持つということになってくる。**

そう聞くと、とても大変な作業と思えるかもしれないが、そんなことはないので気軽に取り組んでほしい。脅す訳ではないのだが、この時間を創らない限り、あなたはずっとモヤモヤした人生を送ることになる。ここが、豊かな人生かどうかの分かれ道なのだ。

ここでは、あなたの頭を占めている「誰かが創った価値観やルール」を検証し、自

分の心地よいものに置き換えていくための５つのステップを紹介していく。

ステップ１：違和感を見逃さない

毎日の生活をしていると「えっ？」と感じることがあるだろう。意識していないと見逃してしまう些細《ささい》なこともあるかもしれない。そんな感覚を大切にしよう。その些細な違和感が自分の感覚を見直していくきっかけになる。

また、違和感を覚えた時には、「何で違和感を覚えるのか」という違和感の正体をはっきりと探ることが大切だ。僕は、今でも違和感を覚えた時には、それをほったらかしにすることなく、「なぜだろう？」といちいち考えている。

ステップ２：疑う

違和感を覚えたら、次は疑うことをしてみよう。

先に書いた僕のお金の話ではないが、改めて考えてみればおかしいのに、何となくそう思い続けていることなんて本当にたくさんある。「本当にそうだろうか？」と自分に問いかけ、これまでの当たり前を疑ってみよう。

他にも、「親は、先生は、上司は、みんなはこう言っているけれど……、それは本当なのだろうか？」「今までこう思っていたけれど、それは本当なのだろうか？」などと自分に問いかけてみるのもいい。「これまでは……」とか「みんなは……」を離れて、今のあなたに必要な考えを見つけていけばいい。

ステップ３：問いかける

ステップ２で「本当に？」と疑問を持ったところで、次は「自分だったら……」を考えてみよう。「なぜだろう？」「どうすればいいのだろう？」「自分ならどう思うだろう？」「自分ならどうするだろう？」と、自分自身に問いかけ、答えを探していくのだ。

また、「そもそも○○って？」と考えてみるのもおすすめだ。あなたの中での理解がどんどん深まっていく。この本でも「そもそも何のために働くのだろう？」「そもそも仕事って何だろう？」「そもそもお金って何だろう？」などの質問も紹介していくので、一緒に深めていこう。

ステップ４：広げる

ここまで「自分」と対話することが大切だと話したのだが、それだけではたどり着けないことがある。なぜなら、どれだけ対話をしても、あなたの中にないものを引き出すことはできないからだ。

そこで、周りの人にも意見を聞いてみよう。「そんな考えもあるんだ！」と驚くことがあるかもしれない。こういう「自分とは違う価値観」に触れれば触れるほど、物事を多角的に見られるようになるし、また新しい発想もできるようになる。

この時に大切なことは、**どんな意見でもとりあえず素直に聞いてみること**だ。つい、自分と反対の意見を言われると反論したくなる。しかし、ここで反論をすることには何の価値もない。自分と違う意見を知りたくて話を聞いているのだから、どんな意見でも「そんな考えもあるんだな」と素直に聞いてみよう。もし、これは自分にとってダメな意見だ！と思うのであれば、その意見のどこがダメなのかを考えてほしい。自分にとって心地よくない意見こそ、新たな発見や気づきをもたらしてくれる。

✓ ステップ5：実践し、改善する

自分の意見を知り、周りの意見も聞くことができたら、次は、具体的にできることを考え行動してみよう。どんなに良い考え方ができたとしても、行動しない限りは何も変わっていかない。現実を変える唯一の手段は行動をすることだ。

ここでは、何を良しとするかという「基準」が大切になってくる。「周りの声や評価」などを気にしていたのでは、何も変わらない。しつこいようだが、選ぶべき選択基準は「あなたが心地よいと思えるかどうか」だ。「自分にできるかどうか」なども考えなくていい。まずは「あなたの想い」ありきだ。あなたの想いから、全てが創られていく。

そして、行動した後には、「自分の選択が、どんな結果をもたらしたか」を確認して、より良くなるように改善していこう。「自分の考え」と「結果」をよく確認して、より良くなるように自分の考え方や選択を変えていくのだ。

僕は、20代の頃にバックパッカーの旅をしたことがある。ちょっと治安の悪い国ではヘタなホテルに泊まると朝には身ぐるみを剝《は》がされたりすることがある。僕自身は幸運にも経験しなかったが、実際に被害にあった人を何人も見た。そうなると、ホテル選びはとても重要なのだが、当時はネットもないので口コミを知ることもできない。自分の経験と知識、感覚などを総動員して、ホテルを選ぶことになる。はじめの内は、なかなかいいな！と思えるホテルを選ぶことができないのだが、回数を重ねるごとに、自分の感覚と目の前にあるホテルの心地よさが一致してくる。これこそが「改善をする」ということだと思う。自分の中にある感覚で選んだものが、実際にどれくらいの心地よさだったのかを、行動することで確かめていくのだ。今でも、ホテルを予約する時には、口コミを見ることなく、自分の感覚（知識と経験）を頼りに選んでいるのだが、失敗したなと思うことはなくなってきた。

「1：違和感を見逃さない」「2：疑う」「3：問いかける」「4：広げる」「5：実践し、改善する」。この5つのステップを繰り返していくことで、あなたは「誰かのルールや価値観」を頭から追い出すことができる。徐々にモヤモヤを感じることも少なくなっていき、スッキリとしたよりあなたらしい人生を歩んでいけるだろう。

質問上手は、自分上手

「自分を持つ5つのステップ」の3番目に「問いかける」という話をしたのだが、これからの章でもたくさんの質問をしていくので、もう少し詳しく話をしたい。質問が、この本の根幹になってくる。

まず、「質問の力」について話していく。

案外、自分のことは自分ではわからないものだ。他人のことはよくわかるので、「こうするといいよ!」なんてアイデアが気軽に浮かぶのだが、いざ、自分のこととなると本当にわからなくなる。ハサミが自分自身を切ることができなかったり、カメラが自分自身を撮影することができないようなものだ。

そこで、自分を知るには、自分自身を映し出すものが必要になってくる。自分の顔を見るには鏡があるといいように、自分の心や考え方を映し出していくものも必要だ。僕はそれが「質問」だと思っている。

例えば、「毎日を幸せにする方法を考えて」なんて言われても、漠然としていて、どう考えればいいのかもわからない。けれども「どんな時に幸せだなと感じる？」と聞かれれば、その答えを出すのは簡単だ。人は、質問されると自動的にその答えを探しはじめる。これが質問の力だ。無理に「考えよう！」としなくても、質問に答えていくだけで、自然と自分の答えを見つけていくことができ、自分の考えを客観的に知ることができるようになる。

アインシュタインも、「もし自分が死にそうな状況になって、助かる方法を考えるのに1時間あるとしたら、最初の55分は、適切な質問を探すのに費やすだろう」という言葉を残している。良い質問が良い答えを自然と導きだしていくのだ。この本でも、あなたの答えを引き出す質問をたくさん紹介していく。

もっともわからない自分が見えてくる

まずは、簡単な質問に答えてみよう。

この本の効果に大きく影響するので、読み飛ばすのではなく、本から一度顔を上げて自分の答えを考えてみてほしい。できればノートを用意して自分の答えを書き込んでいくと、さらに大きな気づきを得ることができるだろう。

質問の答えなのだが、どんな答えでもいい。あなたが思う素直な答えが大切なのであって、一般論や常識みたいなものは一切気にしなくていい。ただ、あなたが納得できる答えかどうかはとても大切だ。

また、答えが出ない時は無理をしなくてもいい。答え自体にも価値はあるが、それ以上に、「考える時間」に意味がある。今は思いつかないことも、日が経つとひらめいたりもする。

では、はじめの質問だ。自分の答えを考えてみよう。

Q１：どんな時に、幸せだなと感じますか？

例）温泉につかっている時。美味しいご飯を食べている時。大好きな人と一緒にいる時。お客様に感謝された時。

Q２：最近、どんな楽しいことがありましたか？

例）友だちとご飯に行った！　仕事がうまくいった！

Q３：今、ワクワクしていることは何ですか？

例）もうすぐ新しい仕事がはじまる！　週末にあるライブコンサート！

どうだろう？

質問に答える前と、答えた後で、どんな変化があっただろうか？

「自分を知る」というとなかなか難しいことのように思えるけれど、こうして簡単な質問に答えるだけで、自分のことを少しは客観的に見ることができたのではないだろうか。

質問で得られる3つの効果

質問には「自分を知れる」という力があることを体験してもらったところで、さらに、質問の効果を3つほど紹介しておく。

1：思考が整理できる

まず1つ目の効果は「思考が整理できる」だ。

質問される前にも、あなたの中には「こんな時は幸せ」という答えがバラバラと存在していた。そこで「どんな時に幸せを感じる？」と問いかけられることで、自分の考えを整理することができたのだ。僕は、51ページで紹介する8コの質問を、毎週月曜日に答えるようにしている。それだけで、自分の今の状況が整理できて、今週すべきことが自然と見えてくる。さらには、何か問題が生じた時も、まずは、その解決策を導き出す質問を考えることにしている。

良い質問があると、思考も人生も整っていく。

２：気づける

２つ目の効果は「気づける」だ。

「真誠さんはいつも幸せそうですね」と言われることが多い。確かに、毎日幸せだ。でも、よく考えてみてほしいのだが、僕にだけ、毎日幸せなことが起こっているのだろうか？　同じ国に同じように暮らしていて、僕にだけ特別なことが起こっているとも思えない。けれど、僕は幸せだ。この違いは「何に気づくか」の違いだ。

毎日が幸せな人は、朝起きた時に「今日はどんな楽しいことがあるだろう？」と自分に問いかけている。そして「あの仕事が楽しいな。あの人に会えるな。お昼はあのランチに行こうかな」と小さな幸せがあることに気づいていく。逆に毎日が幸せでない人は、朝起きた時に「今日、どんなイヤなことが待っているだろう？」と自分に問いかけ「あの仕事がイヤだなぁ。あの人に会うのイヤだな。ランチも面倒だな……」と自ら不幸に気づこうとしている。

幸せな人は、幸せなことを見つけるのが得意で、不幸な人は不幸を見つけるのが得意なだけの話だ。コインの表と裏は必ず同時に存在する。同時に存在する事実のどちらに気づくかという話でしかないのだ。

自分に問いかけている質問を変えれば、気づけることも変わってくる。

3：発見がある

3つ目の効果は、「発見がある」だ。

僕は10年前くらいまで中小企業の社長をしていた。そんなある日、友だちに「真誠は、お金をもらえないとしたら、今の仕事続ける？」と聞かれた。それまで「仕事とはお金を得るための手段」だと思っていたので、「お金をもらえないならやらない」と答えたところ、「そっか、さみしいね」と言われたのだ。これには驚いた。と同時に、もしそんな気持ちで仕事ができたら豊かだろうなとも感じた。そこから「お金をもらえなくてもやりたいと思える仕事は何だろう？」と自分に問い続けた。ようやく1年が経った頃、その答えが見つかり、今の仕事をはじめることになったのだ。それまでの僕の中にはなかった視点を、この質問がもたらしてくれたのだ。

たくさんの質問に触れることで、考えることの幅が広がっていく。

悩みや課題が見えてくる8コの質問

質問の効果や魅力がわかったところで、僕が仕事をする時に大切にしている質問を紹介する。この8コの質問で「今の自分の悩みや課題」が見えてくるので、ニュートラルな気持ちでたくさん考えてみてほしい。では、もう少し質問に慣れていこう。

Q1：今、うまくいっていることは何ですか？

Q2：今、うまくいっていないことは何ですか？

Q3：どんな時に不安な気持ちになりますか？

Q4：今、楽しめていることは何ですか？

Q5：今、どんなことで悩んでいますか？

Q6：上司や同僚など、周りの人にお願いしたいことは何ですか？

Q7：自分のどんなところを褒めたいですか？

Q8：どうすれば、もっと心地よく働けると思いますか？

この8コの質問に答え終わったら、最後に「今できる小さな一歩は何だろう?」という質問にも答えてみよう。8コの質問の答えを見直してみて「今できること」を考えるのだ。「思う」だけでは現実は変わらないのだから、一つ一つ行動していこう。

そして、この8コの質問（＋最後の質問）は週1回くらいのペースで、定期的に答えるといい。今、あなたがやるべきことが自然と見えてくる。本当におすすめだ。

質問の解説

Q1：今、うまくいっていることは何ですか?

どんな人も「できていない」ところが目につきやすいという習性がある。一度できていないところが目につくと、できているところが見えなくなってしまう。

できていないことを改善することもいいのだが、できていることをより良くしていく方が自然に成長していけるだろう。魚は飛ぶよりも泳いだ方がいい。

自分のできていることに目を向けてみよう。これを重ねていくと自分に自信も生まれてくる。

Ｑ２：今、うまくいっていないことは何ですか？

「自分の長所を伸ばせばいい」とはいえ、できていないところや、ダメなところも改善していく必要がある。自分で何とかできるようになるか、仲間に助けてもらうのがいいだろう。できていないことを放置するのだけはやめよう。時間が経っても解決することはない。

Ｑ３：どんな時に不安な気持ちになりますか？

不安な気持ちになるということは、そこに希望もあるということだ。不安の中には、より良くしたいという願望が隠れている。不安の原因と解決策を考えることで、より良くなっていける。「不安の原因は何だろう？」「どうすれば良くなるだろう？」という質問にも答えてみよう。

Q4：今、楽しめていることは何ですか？

毎日、ツライツライと思っている人も多いだろう。でも、その中にも小さな楽しみもある。あなたが気づいていないだけだ。「ツライ」を見つけるか、「楽しい」を見つけるか。どちらを見るかで、あなたの毎日は創られている。

Q5：今、どんなことで悩んでいますか？

悩んでいるということは、今いる場所から次の場所へ成長しようとしている証。とても喜ばしいことだ。逆に悩みなんてない！という時には、今いる環境に慣れてしまって成長が止まっているのかもしれない。悩みは解決策が見つかると「課題」に変わる。ここであげた悩みには「どうすれば解決するだろう？」という質問も併《あわ》せてやってみるとより効果的だ。

Q6：上司や同僚など、周りの人にお願いしたいことは何ですか？

周りに言いたくても言えないでいることもある。でも、あなたが表現しない限り、その想いが伝わることはない。相手が受け取ってくれるかどうかは相手の問題として、まずはこちらにできることとして、「ちゃんと伝える」ことをしていこう。ここから何かが変わっていくこともあるだろう。

Ｑ７：自分のどんなところを褒めたいですか？

自分を褒めたり、ねぎらったりすることはとても大切だ。「自己満足だ！」「自画自賛だ！」なんて思う人もいるだろうが、何が悪いのだろうか。自分のことなのだから、自分が満足していることが何よりも大切だ。どんどん褒めていこう。ただ、褒めることと現状に満足することは全然違うので注意が必要だ。十分に自分を褒めたら、慢心せずに次へ進んでいこう。

Ｑ８：どうすれば、もっと心地よく働けると思いますか？

一人では叶わないこともあると思うが、まずは考えてみることが大切だろう。あなたの今をとりまく全てのものは、誰かの思いつきから生まれている。同じようにあなたのその気持ちを発することで変わっていくこともある。もし、自分の意見を伝えることさえ許されない環境だとしても、「自分はこう思う」と思考することだけは続けよう。その積み重ねがあなたを育てていき、いつか実になる。大切なのは結果だけでなく、考えている時間なのだ。

どうだろう。

8コの質問に答えてみて、どんな感じがしているだろう？　何か気づけたことがあるだろうか？

自分の書いた答えを眺めてみてほしい。そこに「あなた」が映し出されているはずだ。これは、あなたが考えたことだ。誰かに「こうしなさい！」と言われたことではなく、あなたが思うこと、感じることがここに反映されている。まずは、こうして「自分」を知ることからはじめてみよう。

自ら変えていこう

質問に答えたことで、いくつかのことが浮き彫りになってきただろう。

ダメなものを改善するにしても、良いものをより良くするにしても、何かしらの現実を変えたいと思うのであれば、まずは「自分」を変えていこう。

今、あなたの目の前にある事実は、あなたがこれまで生きてきた結果だ。望んでいないものもあるかもしれないが、間違いなく、あなたが考え、選択し、行動して、創り上げてきたものだ。

「結果」を変えるには、まずは「行動」を変えることだ。同じ行動をしていたのでは、同じ結果になって当たり前。そして、行動を変えてもダメな時には「選択」を変えてみよう。選んでいるものが良くないのかもしれない。選択を変えてもダメな時には、あなたの価値観（考え方）を変えてみよう。

こうして質問に答えることで、自分のことが客観的に見えてきただろう。自分の答えを眺めながら、何を変えていくかを考え、すぐに行動していこう。

この章では、「自分を持つ」ことの大切さと、その方法、そして質問の魅力や価値について話を深めてきた。

あなたは、今、どんな気持ちだろうか？　僕の話を読んで、「そうそう！」と納得している人もいれば、「そうかな？」と違和感を覚えている人もいるかもしれない。その感覚がとても大切だ。違和感を覚えているのであれば、その違和感について、じっくり考えてみてほしい。そこにあなたの考えが生まれてくる。

そして、次の章からは「仕事」や「働く」ということについて、あなたの考えを深めていく。

基本的には、あなたに質問をして、僕なりの意見を解説として述べていく。一つ一つの質問を通して、自分を創っていってほしい。最後まで読み終わる頃には、仕事の悩みはスッキリして、心地よく働ける状態になっているだろう。

2

あなたはなぜ、働くのか？

この章では、「そもそも、働くってどういうこと?」について一緒に深めていこう。「働く」ことについて学校や親は教えてくれないことが多いので、曖昧《あいまい》なままになっているだろう。**働くことに多くの時間と労力を使っているのに、それがよくわかっていないということは大きな問題**だ。曖昧だからモヤモヤすることになっていく。

余談だが、「そもそも○○って?」と考えることには深い意味と価値がある。

僕の友人で、「自分はイケてない」と思っている女性がいた。小学生の頃にいじめられた経験があり、それ以来「私はブサイクだ」と思い込んでいたのだが、2年前にたまたま僕の講座へ参加してくれた時、「残りの人生、自分はイケてないと思って生きるのはイヤだ。今日からはイケてると思う!」と決意をした。早速、友だちなどに頼って、服装も髪型も整えていった。文字通り、彼女は変わったのだ。「自分は良い感じ」と思い込むと、笑顔が変わり、付き合う人も変わってくる。その後すぐに、友だちの紹介で出会った人と、はじめてのお付き合いをして1年後に結婚、子どももできて、今では、雑誌などのママさんモデルをするまでになった。「思い込みを変える」という本当に些細な変化なのだが、とても大きな結果をもたらした。

このような**「○○とは□□だ」という思い込みは、親や先生から受け継いだものか、過去の経験でできていて、良くも悪くも、あなたに大きな影響を与えている。**

でも、よく考えてみると、それは「他人」や「過去」のことなので、「これまではそうだった」というだけの話だ。その思い込みを「これから」も持ち続ける必要はない。もちろん「いいな」と思うものは引き継いでいけばいいが、**これからの自分にはいらないなと思うものは、どんどん書き換えていった方がいい。**嬉しいことに、あなたが思うように好き勝手に創っていけるのだ。

まずは、この「仕事とは？」という思い込みを良いものにしていかないと、仕事の内容（職種）や、仕事の仕方、職場（人間関係）などを変えても結局は納得いかないものにしかならない。もし今「仕事」に良いイメージを持っていないのであれば、その思い込みがあなたの毎日を大きく縛り付けている。今日を機に変えていこう。

これからの人生の中で二度と働かなくていいのなら逃げればいいだけだが、そうはいかない。どうしても逃げられないのだから、うまく付き合った方があなたにとってもいいだろう。それほど大切な話をこれから考えていこう。

そもそも、仕事とは？

ここでは「働くとは何だろう？」ということを考えていきたい。まずは、あなたの答えを考えてみてほしい。

Q：「働く」って、何ですか？

僕の答えも伝えていく。ゾウでもキリンでもいいので「野生の動物」をイメージしてみてほしい。彼らは、家（寝床）の準備、食事、子育て、自分の体調管理など、自分の身の回りのことは全て自分でやっている。中には苦手なこともあるだろうが、誰も助けてはくれないので、自分でやるしかない。きっと、僕たちの祖先も同じように、一人で生きていたのだろう。この段階の「働く」とは「自分が生きるためにやらなくてはいけないこと」になってくる。

次の段階として、「僕は得意だから、家を建てるよ！」「僕は魚を捕るよ！」「僕は米を育てるよ！」と専門化した方が効率が良いことに気づいてきた。それぞれがやりたいことをやって、お互いに物々交換をしていったのだ。そして、交換する物の価値をわかりやすくしたり、「もらう」と「あげる」の時期がずれる（収穫できる時期が違ったりすると、物々交換できない）ことを解消するために、「お金」という道具が生まれたのだ。

そう考えてみると、**「働く」とは「自分の得意なことを他人に提供してお金をもらい、このお金を使って、自分がやりたくないことや苦手なことを誰かにやってもらう」ということ**だ。家を掃除することも、今晩の料理をすることも、子どもを育てることも、広い意味では「働く」の一つだけれども、その中で「他人のためにやること」を「仕事」と呼び、自分の仕事内容のことを「職業」と呼ぶようになったのだ。

こうして「職業」というものが生まれたことで、僕たちは、苦手なことや嫌いなことをやらなくても済むようになった。これは本当にありがたいことだ。そうでなければ、今頃得意でもないのに自分で家を建て、魚を捕り、お米や野菜を栽培して……と完全に自給自足な生活を送らないといけないところだった。そうなったら「楽しいか」とか「やりがい」とか言ってはいられない。生きることで精一杯だ。僕たちがこうして便利な生活を送れているのも「職業」というものが生まれたからだ。

この「仕事とは、好きで得意なことで人の役に立って、対価をもらうこと」という考え方自体は今も昔も変わらないが、「仕事の対価」は、時代と共に変化している。その昔は、「お金」が仕事の対価だったのだろう。しかし、その後社会が成熟するにつれ、「やりがいや楽しさ」のような「心の充足感」も仕事の対価になってきている。この**「お金以外の対価（≒心の充足感）」の部分は、これからＡＩが進歩していくにつれ、働くことの意義として、どんどん深まっていくだろう。**

あなたは、何のために働くのか？

次は、「何のために働いているのか」について考えてみよう。

「何のために働くか？」とは、「仕事を通して何を得たいか？」ということでもある。もっとわかりやすく言うと、「あなたが時間や労力やアイデアなどを提供した見返りとして、何を得たいのか？」という話だ。しっかり考えてみてほしい。

Q：あなたは、何のために働いているのですか？

「何のために」という発想はとても大切だ。これがないから、毎日の仕事は「こなす」ものになっていく。

僕は中学生くらいまで、本当に勉強をしなかった。宿題もしなかったので、成績はいつも悪かった。しかし、高校を決める頃になって「バイク」と出会った。僕は、「バイクメーカーに勤めて、自分でデザインしたバイクを世に出したい！」と夢を持ったことで、「何のために勉強するのか?」の答えが明確になったのだ。その夢を叶えるために、僕はたくさん勉強をした。こなしていくだけだった毎日は急に楽しいものになってきた。

あなたも「何のために」を考えてほしい。すぐにしっくりくる答えが見つからなくてもいい。でも、心の底から湧き出てくるような想いと出会っていけると本当に毎日は豊かになっていくだろう。ぜひ、探してみてほしい。

これから、仕事の対価の例と、それに対する考え方を紹介していく。これはいろいろな答えがあるよという話であって、どれか一つを選択しようと言っている訳ではない。いろいろな角度から「仕事」というものを深めていきたいのだ。あなたの中で、「何のために働くのか?」が明確になっていくといい。

「お金」が大切な人

「何のために働くのか」に対して一番多くある答えは「お金を得るため」だろう。あなたが自給自足をしていないのであれば、生きていく上で必要な食料や家などを誰かに譲ってもらわないといけないので、そのための「お金」が必要になってくる。これはとっても大切なことだ。「お金が欲しい」と言うと、欲深そうとか、守銭奴《しゅせんど》だとか言われるのではと心配する人もいるだろうが、そんなことは気にしなくていい。

お金は、自分が提供した労力や時間などの価値を一時的に保管しておくための道具だ。もっと言うなら、通帳に印字されている数字データでしかない。お金を使う人の心にはいろいろあるだろうが、お金自体にはキレイも汚いもない。素直に「欲しい」と言えばいいのだ。お金からしてみれば「イヤなものだ」と思っているような人のところには行きたくないだろう。

もう少し、お金への想いを深めていこう。次の質問に答えてほしい。

Q：もし、いくらでもいいとしたら、どれくらいのお金が欲しいですか？

この質問には、「もらえるならいくらでも欲しい」と答える人が多いが、それだとなかなか手に入らない。目指すところが漠然としすぎていて、せいぜい「宝くじを買う」とか「とりあえずがんばる」くらいの発想にしかならず、具体的な行動に移っていかないからだ。

年収10億円を目指すのと年収400万円では、自分がすべき行動も変わってくる。例えば、エベレストを目指す旅に出る玄関からの一歩と、近所のコンビニに行くための玄関からの一歩は、同じ一歩でも全然違う。準備も覚悟も意識も違う。同じように、年収400万と10億では、するべきことが全然違うのだ。

可能性としてはゼロではないが、近所のコンビニに行ったついでに、エベレストに行く人もあまりいないだろうから、年収400万の先に、10億があるとも考えにくい。まだ社会に出ていない人であれば、まずは働くということを経験する意味でも、400万からはじめるといいとは思うが、どこかのタイミングで「10億を目指す」という目標に切り替えないと実現はしないだろう。そう考えると、自分がいくら欲しいのかをある程度はイメージしておく方がいい。それによって働き方などが大きく変わってくる。

と言っても、何を基準に考えるといいかわからないだろう。そこで次の質問だ。

Ｑ：もらったお金は何に使いたいですか？

お金は、単純にたくさんあればいいという問題でもない。お金は労働の対価なので、単純な話として、たくさん「得る」ということは、同時にたくさん「働く」ということでもある。何かを得るということは、何かを失うということなのだ。あなたがたくさんのお金を望むなら、時間や労力やアイデアなど、たくさんのものを差し出さないといけない。だから、単純に多くのお金を望めばいいという問題ではなく、「得る」と「提供する」のバランスが大切だ。あなたにとってのベストを探ってほしい。

例えば、「家族４人が暮らせるといい」「年に1回は家族で海外に行きたい」「週1回は美味しい外食を」「趣味にもお金を使いたい」「寄付やボランティアにもお金を使いたい」など。あなたは、どんなことにお金を使いたいだろう？　これは同時に、どう生きていきたいかという問いでもあるので、じっくり考えてみてほしい。

仕事をがんばってお金持ちになった人の中には「お金は大切ではない。いくらお金があっても幸せにはなれない」というようなことを言う人がいる。それは「お金の使い道」をイメージせずに、ただただがむしゃらに稼ぐことだけをしてきたからだろう。その結果、家庭や健康を壊してしまったのでは、本当に意味がない。環境の変化によって答えは変わっていくだろうが、なぜ、お金が必要なのかはしっかり考えた方がいい。

Q：もし、お金に困らないとしたら、何をして過ごしますか？

生きていく上で欠かせないものだから、「お金がなくなる」ことに大きな不安を感じやすい。つい貯金をしておきたくなるのも、そんな不安に備えるためだろう。

しかし、大切なことはお金だけではないはずだ。お金には困っていない裕福な人が仕事をやめないのは、お金以外の大切なことがあるからだろう。その「お金以外の部分」も考えてみよう。

そこで、この「もし、お金に困らないとしたら、何をして過ごすだろう？」という質問を考えてほしい。この質問は、「まず仕事をやめる」、そして、「旅行をする」と答える人が多い。でも、本当はその先を考えてほしいのだ。「旅行をする」などは、現実逃避的な答えでしかない。僕の経験上、仕事をやめて旅行に行ったとしても、そんなに長くは続かないと思う。ストレスが癒やされて、旅行をすることが日常になった頃には帰りたくなる。

「今できないことをやりたい」と「本当にやりたい」は大きく違う。お金という不安を手放した時に、心から湧き出てくる「やりたいこと」を考えてほしいのだ。

ここでは、あなたの思考の枠を壊すことをしているので、現実的なことを考えすぎなくてもいい。できるかどうかはやってみないとわからないのに、私にはできないかも……と、思考の段階で自分の枠を創るのはやめよう。何でもできるなら……と自由に発想すればいい。現実とは、後から創っていくものなのだ（ここで、本当にやりたいことが見つからない……という人は、次の第3章を参考にしてほしい）。

「お金」が大切な人が陥りがちなワナ

お金をもらえなくてもやりたいと思えることは、きっと、あなたにとってとても意味のあることだ。そんな時間で人生がいっぱいになったら、とても豊かだろう。あなたの人生という限られた時間を、「仕方なくやっていること」で埋めるのか「やりたいこと」で埋めるのか、この差がどれくらいの幸福感の違いを生むかは想像するまでもない。お金にとらわれると、本当の自分を見失う。ぜひ、「やりたい」と思えることで人生を埋めていってほしい。

しかし、もしかすると「やりたいことをやる」と「お金がなくなる」とは思っていないだろうか？　お金がなくなることに不安に感じて、やりたいことをやるという生き方にブレーキをかけているのであれば、これは本当に大きな間違いだ。**あなたが本当にやりたいことをやっていれば、お金はついてくる。**お金は目的ではなく、あなたの生き方や働き方の結果として現れるものだから、「お金が欲しい」と思うのであればあるほど、お金を求めるのではなく、あなたに合った仕事内容や働き方を求めていく方がいい。

人生は、あなたがその気になれば何度でもチャレンジし直すことができる。僕も、サラリーマン、旅人、経営者、起業家といろいろな仕事をしてきた中で、何度も人生のどん底を見てきた。それでも、その度に再チャレンジをし、その度に良くなってきている。まずまずだと思う人生をこのまま送ることも、二度とない最高だと思える人生を送ることも、あなたの自由だ。

✓「やりがい」が大切な人

仕事の対価として「やりがい」を求める人も多いだろう。まず、次の質問を考えてほしい。

Q：「やりがい」って何ですか？

僕はやりがいとは「達成感」だと感じている。わかりやすいのが、ゲームや学生の頃の文化祭のようなものだろう。目の前に課題があって、それは今の自分では乗り越えることは難しいかもしれない。それでも、チャレンジして、時には失敗をして、それでもまた創意工夫をし、自分を成長させて、物事を成し遂げていく。そこで得られる達成感みたいなものがやりがいなのだろう。

「お金」は誰もが共通して認識できるのでわかりやすいし、他人と比較をすることもできるが、「やりがい」は、本当にあなたの個人的なことだ。どんなことであれ、あなたがやりがいを感じるのであれば、それでいい。周りから押し付けられることもないし、批評されることでもない。

どちらが良いという話ではなく、お金よりもやりがいを大切に思う人は、きっと、自分の心を大切に生きていきたい人だろう。どんな時に、自分の心が動くかを知っておくと、自分でやりがいをコントロールできる。

「やりがい」が大切な人が陥りがちなワナ

Q：どんな時にやりがいを感じますか？

これらの質問に答えると、自分がどんなことにやりがいを見出しているかを知ることができる。自分で知ることができれば、その環境を創っていけばいいだけだが、ここで注意したいことがある。この「やりがい」や「楽しさ」は、本当に人それぞれと言うことだ。大きな壁にチャレンジすることにやりがいを感じる人。一人で創意工夫することにやりがいを感じる人。仲間と共に切磋琢磨することにやりがいを感じる人。取り扱う金額の大きさにやりがいを感じる人。お客様の笑顔や社会的な影響力にやりがいを感じる人もいる。自分がどんな時にやりがいを感じるかを知ることも大切だし、仕事仲間の答えを知ることも大切だ。きっと、あなたと同じではない。

Q：どうすれば、毎日をもっと楽しめますか？

やりがいを求める人は、向上心が強い人だろう。

同じことを繰り返していたのでは、得られるやりがいは少なくなっていくので、こういう人は「同じことを繰り返す」という仕事に向いていない。いつも「もっと、もっと」とより大きなやりがいを目指していくことになる。その分、自分も成長をしていけるし、大きなことを成し遂げることで、社会的にも良い影響を及ぼせるようになっていくだろうから、それはとても素晴らしいことだ。

「やりがい」が大切な人は、常に上を目指しがちなので、心が満たされることが少ない。たとえるなら、山登りのようなものだ。大きな山を目の前にすれば、やりがいも湧いてくるだろう。がんばって頂上に立てば達成感を味わうこともできるし、歩いていた道を振り返れば、そこでは多くの人が喜んでくれているかもしれない。でも、そんな気持ちは一瞬で終わる。また次の瞬間には、より大きなやりがいを求めて、次の山を目指すことになる。この繰り返しは、死ぬまで続いていく。そう考えると、心が満たされるのは、頂上に立っている一瞬だけということになる。それではあまりにもさみしい。そこで、山に登るまでの道中、道すがらも楽しめるといい。というよりも、道すがらも楽しめるような山にしか登らない方がいい。

結局、人生は「今」の積み重ねでしかない。やりがいも大切だが、同時に、「今」を楽しむことも考えていこう。

「成長」が大切な人

「仕事を通して成長をしたい」という声をよく聞く。まずは、成長とは何かを考えてみよう。

Q：なぜ、成長したいのですか？

もしかすると「成長しなくてはいけない」と思い込んでいる人もいるだろう。「周りの人に比べて劣っているから成長しなくては」のように、劣等感から来る感情かもしれないし、それこそ、親や上司などから「成長しなきゃね」と言われ続けていて、そう思い込んでいるのかもしれない。そもそも、何のために成長したいのかという目的が曖昧なのに、成長したいという手段だけが先にあること自体がおかしな話だ。

もしあなたが、「自分がダメだから成長した方がいい」と思っているのであれば、それは少し考え直した方がいい。

あなたはダメなのではない。どんな人にも（どんな人にもだ！）良い面と悪い面がある。これは必ずある。なぜなら、良い面と悪い面は、コインの表と裏のように必ず同時に存在するからだ。僕には「おおらかだ」という良い面がある。けれども、それは同時に「大雑把」という悪い面にもなる。僕にあるのは「細かいことを気にしない」という特徴だけだ。自分の悪い面を見て、直すために成長したい！と思っているとしたら、同時に良い面もなくなってしまい、あなたは何の特徴もない人になってしまう。悪い面を良くするためではなく、良い面をより良くするために成長をしていきたいと考える方が自然で健全だ。

Q：成長した自分になれたら、何をしたいですか？

「なぜ、成長したいか」の答えとして、「もっとやりたいことができるように成長したい」というものがある。仕事は、周りとの関係でできているので、いくら自分がやりたい！と思っていても、それに周りの評価が伴わないと、やりたいこともできない。いくら「僕の歌で武道館をいっぱいにしたい！」と願っても、実力や人気が伴わないと実現しないようなものだ。そう考えると、成長すればするほどに、「できること」は増えていくだろうし、周りから頼られる仕事もより濃いものになっていくだろう。今は、自分の意見を聞いてもらえないとしても、自分が成長していくにつれ、周りからも必要とされたり、大切に扱われたりして、より自分らしくわがままに生きていくこともできるようになっていく。

Q：どうなったら、成長したなと思えますか？

成長に終わりはない。死ぬまで「完璧な状態」にはなれないのだから、もっともっと上を目指し、成長し続けるものだろう。だから、完璧な状態を想像することは難しい。しかし、とりあえず次のステップを目指すことはできる。あなたの人生が一つの建物だとして、その建物が何階建てかはわからないけれど、とりあえず次の階を目指すことはできるのだ。**今この瞬間、自分の中で、何がどうなったら成長したなと思えるのかを考えてみよう。そうすれば、今、何をしていけばいいかも自然と見えてくるだろう。**

「成長」が大切な人が陥りがちなワナ

働く理由が「成長したい」というのは、答えになっていない。なぜなら、「お金が欲しい」と一緒で「成長する」は目的ではないからだ。「何のために成長をしたいのか」を考えないと答えになっていないのだ。「成長したい」の先まで考えることで、本当の働く理由が見えてくるということを忘れてはいけない。

✓「人間関係」が大切な人

「人と触れ合う時間が楽しいから」と「人間関係」を仕事の目的にしている人もいる。これはとても人間的で素敵な答えだなと僕は感じる。

友だちと一杯やる時間や、家族と過ごす時間、旅先で知らない人と会話をする時間なんて、どんな意味や価値があるかと真面目に考えると、あまり意味のないものかもしれない。情報を交換するだけであれば、今の時代、ＳＮＳなどを使えばとても簡単にできる。それでも、意味のないムダ話をするために、ご飯やお茶に行くのが楽しいのは、人は人と触れ合うことに幸せを感じるからだろう。僕も、そんな時間を大切にしている。

Ｑ：仕事の人と、どんな関係を築きたいですか？

仕事も人間関係で回っているところは大きい。公私混同だからと、「なれ合いの関係」を仕事に持ち込みたくないという人もいるかもしれない。しかし、人は感情の生き物だ。同じ仕事をするのであれば、気の合う人としたいだろうし、そんな人との仕事の方が良い結果が出るのも明白だろう。飲みながらするムダ話の中で、仕事が決まり、進んでいくことだって、実際にはたくさんある。「仕事の人だから……」と敵対視するように仕事とプライベートを分けることもない。サラリーマンでも起業家でも、経営者でも、一人で生きている訳ではない。お互いに支え合いながら生きているとすれば、**あなたがやりたいことを叶えていく上でも、人間関係を整えておくことはとても大切なことだ。**

Q：自分と周りの人との違いをどう楽しみますか？

会社の中でも、お客様の中にも、「えっ!?」と思うような自分とは違う価値観を持った人がいる。よく、会社の中でも夫婦の中でも「価値観が合わなくて……」ということが問題になりがちだ。しかし、そもそも「価値観がまったく同じ人」なんているのだろうか。兄弟や姉妹がいる人はわかるだろうが、同じ家庭に生まれ育っても、価値観は大きく違う。人は違って当然なのだ。違うということを問題にする方が問題だ。

もっと言うと、価値観がまったく同じなのであれば、チーム（組織）を創る必要もない。価値観が違うからこそ、いろいろな考え方が生まれ、一つの物事をより多角的に捉えることができるようになる。特に会社においては、いろいろな価値観があることが、その会社の強みになっていく。昔よく見られたワンマン社長のような一つの価値観だけで統一された会社は、社長の才能に大きく左右されるので、良い時には快進撃を続けるだろうが、同時にとても脆《もろ》いものだろう。

価値観が違うことを問題にするのではなく、「違うからこそ、どうするか」を考えないと、この問題はいつまでも解決しない。**違うことを良いことだと捉え、その違いを活かすことを考えていこう。**

Q：人間関係をより良くするために、あなたができることは何ですか？

仕事をしている中で、例えば、「この仕事をしてほしい」「もっと早くしてほしい」

「もっと丁寧にしてほしい」など、誰かに期待することがあるだろう。しかし、それは無理な話だ。なぜなら、他人をコントロールすることはできないからだ。

わかりやすいのでサッカーの試合にたとえよう。あなたは、今、選手として得点したいとがんばっている。その中で、あなたがコントロールできることと、コントロールできないことがある。敵の動きはコントロールできない。味方の動きも無理だ。ボールの動き、天候、芝生の状態、監督の采配、審判のジャッジ、応援の声なども無理。そして、結果という未来もコントロールはできないし、昨日もっと練習しておけばよかった……という過去も変えられない。こう考えるとほとんどのことはコントロールできない。逆にコントロールできるものは、「今」「ここ」「自分」の3つだけだ。

仕事でも同じ。同僚や上司、お客様などをコントロールしたくなる気持ちもわかるが無理だ。結局、相手は思い通りにはならないから、「何でやってくれないの……」というグチにしかならない。そうではなく、**「今、私にできることは何だろう？」と考えてみよう。**

何も全部の仕事を一人でやれと言っているのではなくて、あなたの関わり方を変えることが大切だと言っているのだ。

まったく結果を出せなかったチームが、リーダーが変わるだけで結果を出すチームに生まれ変わることがある。それは、リーダーがみんなへの関わり方を変えたから、結果として、みんなも変わっていったのだろう。

いがみ合ったり、責め合ったり、罪をなすり付け合ったり、責任を押し付け合ったりしても、何も前向きに気持ち良くは解決していかない。心を開いて、今の自分にできることからはじめてみるといい。

「人間関係」が大切な人が陥りがちなワナ

もし、「あの人が嫌いだから……」「あの人と合わないから……」と会社をやめたとしよう。それは一時的にはいいかもしれない。しかし、イヤだからやめる人の多くは、また新しい職場に行ってもイヤな人を見つけるだけだ。

それは、「人とうまく関われない」というあなた自身の問題だから、自分の中で折り合いをつけない限りは、いくら周りを変えてもずっとついて回る（中には本当に大変な人もいるから、全てがこうではないのだけれども）。人に矢印を向ける前に、自分をかえりみることをしよう。

人間関係は、「あなたの関わり方」で創られていく。

壁に向かってボールを投げるのをイメージしてみてほしい。野球ボールを投げれば野球ボールが、サッカーボールを蹴ればサッカーボールが返ってくる。当たり前の話だが、自分が投げたものだけが、投げた量だけ返ってくるのだ。世の中もこれと同じ。あなたの周りにある世界は、あなたが投げたものでできている。愛を投げると愛が返ってくるし、怒りを投げると怒りが返ってくる。

自分が周りに与えたものが返ってくるので、いつもグチを言っている人の周りには、同じようにグチを言う人が集まってくるだろう。そして、きっと何か問題が起これば、互いに責任を押し付けることになり最悪な状態になっていく。同じように、気持ちよく生きている人の周りにも、気持ちよく生きている人が集まってきて、世の中は素敵だよねとなっていく。

また、ボールは自分が先に投げないと返ってこない。人生も同じだ。周りに愛されたいなと思うなら、それを待っていたり、「なんで愛してくれないの！」と詰め寄るのではなく、まずは自分が愛することだ。応援されたいなら応援をすればいい。欲しいと待っているのではなく、先に与えることをしてみよう。愛される人は愛している人だし、大切にされる人は大切にしている人だ。

世の中は、自分が何を投げるかでできている。投げるものを変えていけばいいのだ。思い通りに生きていくことは難しいことではない。

✓「他人の評価」が大切な人

「すごい！」と言われたい。褒められたい。そんなことを求める人も多い。僕も含め、人は誰でも褒められると嬉しいから、この気持ちはとても素直なものでいいと思うのだが、少し注意したいこともあるので、質問しながら深めていこう。

Q：誰に、どう褒められたいですか？

まずは、自分のどういうところを評価してほしいと思っているのかを知ろう。結果を褒められたい人もいるし、結果に至るまでの過程を見てほしい人もいる。スピード感なのか、独創性なのか、行動力なのか、チーム力なのか、何を褒められると嬉しいかを知っておくと、自分が大切にしたい価値観も自然とわかってくる。

また、「あの人に認められたら嬉しい」ということもあるだろう。例えば、企画力が優れた人に、「良い企画だ」と褒められると嬉しいように、その人が優れている部分で褒められると嬉しい。ということは、誰に褒められたいかを考えてみると、自分が何で褒められたいのかも見えてくる。

Q：自分で自分のどこを褒めますか？

他人に褒められると確かに嬉しいのだが、「私を褒めて！」と言ってもそうはいかない。他人はコントロールすることができないから、その想いはなかなか満たされない。しかも、褒められることが仕事をする目的になってしまうと、常に他人の顔色ばかりを窺うようになってしまい、ある意味では他人の操り人形のようになるだろう。経営者からすると、とても使いやすい人ではあるが、自分の幸せを他人に委ねるのもどうかと思う。できることなら、自分で自分を褒められるようになるといい。自給自足だ。

また時々、周りから褒められてもピンとこない時もある。それは、自分ではすごいと思っていないことを褒められるからだ。この「褒められたい」という気持ちは、自分が「やったでしょ！」と認めてほしいところを満たしてもらえるからこそ嬉しいのだ。そう考えると、自分が納得しているかどうかも大切になってくる。誰かに褒められるために仕事をしていたのでは、この納得感は得られない。**自分が納得していることをやるからこそ、そこに「褒められて嬉しい」が生まれてくる。**自分の感情も大切にしていこう。

「他人の評価」が大切な人が陥りがちなワナ

「褒められる」ということや、出世や給料の査定など、「他人の評価」は結果としてついてくるものであって求めるものではない。もちろん、評価を求めることはいいことだと思うのだが、あまりそればかりを意識しすぎると、評価を得るためのことをはじめることになり、結局他人に流されていることになるので気をつけよう。評価や感動は、期待を超えた時に生まれる。周りの顔色に答えているレベルでは「できて当たり前」というレベルくらいの仕事しかできない。

顔色を窺うような仕事よりも、あなたらしく楽しく取り組む仕事の方が大きな評価を得られるだろう。

「夢を叶える」が大切な人

自分の夢を叶えるために、仕事をしているという人もいるだろう。あなたは、どんな夢があるだろう。

Q：もし何でも叶うとしたら、何を叶えたいですか？

この質問は、最低でも100個。できれば300個の答えを書いてほしい。答えが思い浮かばない時には、欲しいもの（家が欲しいなど）、やりたいこと（世界を旅したいなど）、なりたい（やさしくなりたいなど）の3つに分けて書くと書きやすい。

さらに、「フランスに行きたい」ならば、それだけではなく「フランスに行って、本場のフランス料理を堪能したい」「フランスでエッフェル塔を見たい」「フランスでルーブル美術館を隅々まで満喫したい」とできるだけ具体的にしていくといくらでも書ける。

答えを書いたら、次のステップだ。このリストの中で「何としてでも叶えたいこと」を確認してほしい。「できれば叶えたい」というレベルのものではなく「何としてでも叶えたい」と思えるものだ。その夢は、ぜひとも叶えた方がいい。最低でもチャレンジはした方がいい。チャレンジさえしなかったら、間違いなく死ぬ時になって後悔することになるだろう。やってみてダメなら諦めもつくが、やらないでダメになると後悔しか残らない。そして、その「何としてでも叶えたい」ことは仕事を通して叶えていけるかもしれない。

僕は「日本全国、世界中も隅々まで旅をしたい」と願っているので、講演や研修という仕事を通して、あちこちを旅している。あなたも仕事を通すからこそ、叶えられることがあるだろう。もしかすると「定年後に……」なんて思っているかもしれないが、「いつか」ほど不確定なものはない。何としてでも叶えたいほど大切なことを、今、先送りにしていいのだろうか？

Q：人生をどんな時間で埋め尽くしたいですか？

例えば、僕は「心から笑っている時間」「人と触れ合っている時間」「自分のできることで喜んでくれる人がいる時間」「新しい可能性にチャレンジする時間」などで、人生を埋め尽くしたいと思っているが、あなたはどうだろう？

そして、あなたの仕事は、その欲しい時間を満たすことができているだろうか？

人生の大半の時間は仕事に使われている以上、仕事の時間が人生の時間といっても過言ではない。人生で得たい時間は仕事の中でも満たしていける。遠く未来を夢見ることも大切かもしれないが、人生は「今」の積み重ねでしかない。今の一瞬一瞬、自分を幸せにしていくことも、仕事の対価としては大きいだろう。

「夢を叶える」が大切な人が陥りがちなワナ

夢を叶えたい人が気をつけた方がいいことが２つある。

１つは、夢を叶える途中もしっかりと楽しむことだ。人生は、「今」の積み重ねでしかない。今を未来のために犠牲にする必要もない。夢に向かってチャレンジすることも、その期間にしか味わえない大きな喜びだ。しっかり味わおう。

そして２つ目。夢は叶った途端に現実になる。「叶える」を目標にしていると、叶った瞬間に楽しみはなくなってしまう。叶った先までを見据えておくことが大切だ。

「世の中が良くなる」が大切な人

ここまでは「あなたのため」の働く目的を考えてきたのだが、ここでは「誰かのため」という答えもあるので紹介したい。

Q：あなたが働くことで、誰が、どんなふうに喜びますか？

世の中で一番儲かっている人は誰だろう？と考えてみると、それはきっと、世の中で一番「ありがとう」と言われた人だろう。お金と「ありがとう」は一緒にやってくる。そう考えると、世の中にある全ての仕事は「誰かを喜ばせる」ためにあるのだ。


世の中がもっと便利になるためにと、仕事をしている人もいる。

世の中から戦争や貧困がなくなるためにと、仕事をしている人もいる。

多くの愛に包まれた子ども時代を過ごしてほしいと、仕事をしている人もいる。

都会の中で孤独を感じて生きる人を少なくしたいと、仕事をしている人もいる。

いじめや自殺をゼロにしたいと、仕事をしている人もいる。

僕は、「一人でも多くの人が自分らしく生きていける世の中を創りたい」と思って仕事をしている。僕にとってもっとも大きな仕事の対価は、この夢が叶うことだ。

みんな「自分」という枠を超えて、「誰かの幸せ」を「自分の幸せ」と捉えて生きている。あなたはどうだろう？

人は、自分のためよりも誰かのための方がより大きな幸せを感じられ、より大きな力を発揮することができる。あなたも、誰かのためという答えを見つけてほしい。

Ｑ：もし神様になれたら、世の中をどう変えたいですか？

この質問に答えると、自分が取り組みたい「誰かの幸せ」が見えてくる。それでも難しい時には、もしあなたの死後にあなたの人生が映画になるとしたら、どんな内容になってほしいかを考えてみるのもいい。エジソンは電球を発明した人。ライト兄弟は飛行機を創った人。ガンジーは非暴力で革命を起こした人。このように、あなたはどんな人だったと紹介されたら嬉しいかを想像してみよう。

立派なことを考えてほしいと言っている訳ではない。世界を変えるようなことを考えなくてもいい。幸せにする相手は、あなたの身の回りにいる人でも十分だ。すごいことではなく、あなたが心からワクワクするものを考えてみてほしい。「何で、それをしたいの？」と聞かれた時に、うまく答えられないくらいのものがいいだろう。本当に大切なことには理由なんてない。なぜだかわからないけど、心の奥から湧き出てくるような想いを見つけていこう。

「世の中が良くなる」が大切な人が陥りがちなワナ

「みんなのために」「誰かのために」という意識で仕事をすることは、とても豊かな発想だろう。しかし、ちょっと気をつけないと、つい「やってあげているのに」という気持ちになりがちだ。善意を押し売りしてはいけない。あくまで、あなたがやりたくてやっているのだ。誰かのためでもあるが、同時に自分のためでもある。それを忘れてはいけない。傲慢《ごうまん》になってしまう。

ここまで、いくつかの事例を出しながら、あなたが「何のために働くのか」ということを一緒に考えてきた。納得のいく答えは見つかっただろうか？　もちろん、僕が紹介したもの以外の答えがあっていい。ただ、その場合は「本当にそうだろうか？」と自分に問いかけてみてほしい。そして、本当の答えは、頭の中で考えているだけでは見つからないだろう。実際に働くという経験をすることで、自分が望むものに気づいていける。

今すぐ、「私はこのために働いている」という答えが見つからなくてもいい。ただ、その答えを求め続けることは大切だ。特に、今の仕事が楽しくないと感じたり、やる気が低下した時には、考えてみるといいだろう。

なるべくラクに生きていきたい？

この本を読んでいる人の中には、「そんなにお金はいらない」「叶えたいことも特にはない」と言う人も多いだろう。しかし、「じゃあ、僕がお金あげると言っても断るの？」と聞けば、「イヤ、それはもらいますよ」と言ってくるし、「もし何でも叶うなら何を叶えたい？」という質問にも、たくさん答えたりする。本当は、お金も欲しいし、叶えたいこともたくさんあるのだ。ただ、それを得るために苦労をするのがイヤなだけなのだ。「そんなに多くの対価はいらないから、なるべくラクに生きていきたい……」と願っているのだろう。そこで、次の質問に答えてみてほしい。

Q：どんな時に、「楽しいな！」と感じますか？

実は、僕もなるべくラクをして生きていきたいと願っている。本当は、一日中ベッドの上にいて、メイドさんに身の回りのことを全てしてもらって、ずっとラクをして生きていきたいのだ。しかし、実際にはこうして本当に精力的に仕事をしている。仕事だけでなく、お金にならない活動もたくさんしているし、プライベートでも海外を旅したりと好きなことをやっていて、じっとしていることはない。年間の1／3はホテルに泊まっていて、残りも家には寝るためにに帰るくらいだ。

なぜ、ラクをしたいと思っているのに、こんなに精力的に生きているかというと「楽しい」を知っているからだ。そして「楽しい」方が「ラク」よりも幸せを感じられることも知っているからだ。たしかに、ベッドの上でゴロゴロしていればラクだろう。ただ、すぐ暇になって、スマホを取り出したり、本を読んだりするなど「楽しい」を自然と求めはじめる。

仕事でも「ラクをしたい」ということを行動の基準にしていると「楽しい」は訪れない。何かを乗り越えていくことでしか得られない楽しさもあるから、「楽しい」は「ラク」ではない。

もし、「仕事にやる気がでない……」とか、「人生に対しても無気力だ……」と感じているのであれば「ラク」を少し手放して「楽しい」を探してみてはどうだろう？

こういう話をすると、その「楽しい」がわからないんだよ……という話になる。けれども、そんなことはない。あなたは自分が何を楽しいのかは知っている。ただ、見ないようにしているだけの話だ。自分に素直になっていこう。

また、ただ周りの声に流されているだけの人も多い。

例えば、お金なんていらないと思っている人も、お金を持ったことがないから、そんなことを言っているのだ。もう十分にお金を持ったことがある人が、「人生はお金ではない」と言うのは納得できるが、まだ持ったことも、持とうとしたこともない人に言われても、まるで説得力がない。ただ、自分を幸せにすることから逃げているようにしか思えないのだ。**本当は知らないのに、知った気になって可能性を閉じるのはもったいない。**特に若い時なんて、聞いたことを鵜呑みにするのではなく、自分で経験してみることが大切だ。それから判断しても遅くはない。

諦めるには、まだ早い？

あなたは「何のために働くかをハッキリさせるのもいいけれど、そんなことを望めるのは一部の優秀な人だけだ。私を採用してくれる会社は少ないし、仕事なんて選べないから、イヤだけど、現実を受け入れて我慢するしかない……」と思っていないだろうか？　もし、**好きなように生きていくことが、一部の優秀な人にだけ許されたことだと思うなら、それは間違っている**だろう。

Q：どうすれば、自分を信じることができますか？

僕は今、好きな時に好きな場所で好きなだけ働いて、十分な収入を得ることができている。毎日が本当に楽しい。

そんな僕だけど、本当に特別なことは何もない。地方の大学を中退していて、学歴で言えば高卒だ。名刺を出せば、「おお！」と言われるような社名も肩書も持ったことはない。離婚もしている。多額の借金を背負ったこともある。しかも、資格や免許というものを何も持っていない。車の免許すらないのだ。もし、条件というものを書き出せば、僕は社会人としてはかなり低い方だろう。

この「条件が悪いという事実」と「豊かに働く」ということには、何の関係もない。確かに、仕事など、自分一人で決められることではないので、難しい面もあるだろう。しかし、やり方はある。こんな僕にもできたのだから、あなたにもできるはずだ。大切なことは、そうなりたいと願うかどうか。そして、あとはやり方を知ればいいだけの簡単な話でしかない。自分の人生を諦めるにはまだ早い。あなたが自分を信じないで、誰が信じるのだろう？

自分を信じられないという人は、成功体験が足りていないのだ。小さくていいので「うまくいった」という経験を重ねていこう。僕も実践していたおすすめの方法は、枕元にノートを用意して、毎日寝る前に「今日、うまくいったこと」を3つずつ書いて寝るというものだ。自然と自分を信じられるようになる。

そんな考えは甘い!?

「何のために働くのか？」ということを一緒に考えてきたのだが、そのもっともシンプルな答えは「幸せになるため」だろう。何があると、自分がもっと多くの幸せを感じることができるかを考えればいいのだ。

Q：幸せとは、具体的にどうなることですか？

しつこいようだが、あなたの答えは、本当に大切にしてほしい。誰に何を言われようとも、**もっとも大切なことは、あなたが「納得」をしていること**だ。出てきた答えにあなたが納得できているのであれば、本当にそれでいい。

この「何が幸せか」の答えは、人によっても違うが、世代によって大きく違う。年配の人たちは、物がない時代を生きてきたから「より多くの物を持つこと」に豊かさを感じる人が多い。しかし、若い世代の人は、生まれた時から豊かな時代を生きているので、物をたくさん持つことに豊かさを感じない人も多いだろう。

もしかすると、この章で見つけた「働くとは？」とか「仕事の対価とは？」の答えを上司などに話すと「そんな考えは甘いよ！」と否定されるかもしれない。そんな時には、つい反論をしたくなるだろう。その気持ちもよくわかる。しかし、そんな時には、心をオープンにして相手の意見や言い分を聞いてみてほしい。なぜなら、あなたが気づけていない大切な視点があるかもしれないからだ。

自分の反対意見を聞くのは、自分を否定されているようで苦しくなるだろう。でも、あなたの人格が否定されている訳ではなく、一つの考え方の違いを話しているに過ぎない。「違う！」と拒絶するのではなく「なるほど、そんな考えもあるんだね」と受け止めてみることで、あなたの世界は広がっていく。感情に流されず、したたかに、自分を育てていこう。

では、次の章では「あなたの天職を探す」ということを一緒に考えてみよう。「何をしたいかわからない……」という話をよく聞く。その答えを見つけていこう。

3

本当にやりたい仕事と出会うには?

「自分のやりたいことがわからない」「何に向いているかわからない」「これは本当にやりたいことなのか」。そんな悩みも多いだろう。

ここでは、「どんな仕事をするといいのか？」ということを一緒に考えていこう。あなたの「天職」を見つけていきたい。

と言っても、僕があなたの天職を教えることはできない。しかし、天職を育て、出会っていくための考え方や質問をお伝えすることはできる。これまでのページと同じように、ただ読むだけでなく、質問に答えながら「自分の答え」をしっかりと考えて見つけてほしい。「どんな仕事をするといいのか？」の答えもあなたの中にしかない。

そもそも、天職って何？

まずは「天職っていったい何だろう？」ということを考えていきたい。どんな仕事と出会えると、どんな条件があると天職だと思えるだろうか？　あなたの考えを聞かせてほしい。

Q：「天職」の条件は何ですか？

答えの例としては、「時間を忘れて楽しむことができる」とか、「自然と結果が出せる」などがある。あなたはどう思うだろう？

ちなみに辞書を引くと「天から授かったつとめ。生まれつきの性質（天性）に合った職業」とある。

僕の考えも紹介していきたい。まず天職とは、平たく言うと「あなたにもっとも合った仕事」だと思うのだが、天職を考える時の大切な条件を３つお伝えしたい。

1：望むものが手に入る

まず1つ目の条件としては、「自分が望むものが手に入る」だろう。前の章で紹介した「あなたが仕事の対価として得たいもの」がたくさん得られるものが天職であると言える。

何よりもお金が大切なのであれば、お金がたくさん得られるものが天職だろうし、やりがいが欲しい人はそれがたくさん得られるものがいい。

自分が書いたこれらの質問の答えを、一度見直してほしい。どんな仕事だと、それらを満たすことができるだろう。

2：結果を出せる

2つ目の条件として、天職とは「あなたがもっとも自分の価値を発揮できる仕事」とも言える。あなたの性格や天性などに合っている仕事ということだ。「価値を発揮できる」とは、自分が活かされるだけでなく、周りの人にもより多くの喜びを届けられるということになる。周りからの評価を得られてこそ仕事なのだ。

「自分を活かせること、そして、より多くの結果を残せること」これも天職の条件の1つだろう。

3：使命感を満たせる

３つ目の条件として、「使命感」みたいなものがある。「私は、これをするために生まれてきたんだ」と思えるような仕事だ。それは、人生をかけて取り組む「課題」のようなものかもしれない。

例えば、「音楽を通して一つでも多くの笑顔をつくりたい」というのもそうだろう。「世界から戦争や貧困をなくしたい」「いじめをなくしたい」などもある。僕も、「一人でも多くの人が自分らしい人生を歩める社会を」と思っていて「らしく輝く人と会社をもっと！」とスローガンを掲げて仕事をしている。僕の全ての仕事は、この課題が少しでも解決に近づくために行われている。

この3つの視点をバランスよく満たすものを「天職」と呼ぶのだと思う。「これが自分のやるべき仕事かな？」と迷うことがあったら、この３つを考えてほしい。

天職を生きる3つのメリット

前のページでお伝えしてきた「天職の3つの条件」を読むと、「天職と出会うのって大変だな」と思うかもしれない。しかし、実際にやってみるとそんなことはない。いつまでも「なんかやる気にならないな」なんてモヤモヤしているよりも、天職と出会っていく方がラクだし楽しい。ここでは天職を見つける前に、天職を生きることのメリットを考えていこう。

Q：天職と出会うと、どんないいことがあると思いますか？

✓ 心が疲れない

1つ目のメリットとして、「心が疲れない」というものがある。

どうしても、仕事ではストレスを溜めがちだ。「我慢」することが多いからなのか、心はどんどんカラカラになっていく。そして、休みの時間で何とか心を癒やし満たして、また休み明けには心が空っぽになっていく……。こんなことを繰り返していないだろうか？

天職と出会うと、仕事の時間がとても楽しく充実したものになるので、ストレスフルな毎日が解消され「癒やし」なんて言葉からは無縁になってくる。いや、むしろ、仕事をしている方が心がどんどん満たされていくという状態になっていく。そうすると「心の疲れを取る」ことに休みの時間を使わなくてもいいので、プライベートも充実していく。

僕は、基本的には一人で働いているので、時間をどう使うかは自由だ。ずっと遊んでいることだってできるのだが、こういう話をすると、「よくちゃんとできますね。僕だったら仕事しなくなっちゃいそうです……」と言われるのだが、それは「仕事は楽しくないものだ」と思っているからだろう。僕の場合は、朝起きて一番やりたいことが仕事なのでそうはならない。ちゃんとしているとも思ってない。ただやりたいことに素直なだけだ。

「趣味は仕事だ」なんて話をすると、イヤな顔をする人もいるかもしれないが、それは、仕事というものの捉え方の問題だ。もし、そんな気持ちでいるなら、本当にこの本を大切に読んでほしい。

より多くのものを得ることができる

天職を生きる2つ目のメリットは、「より多くのものを得ることができる」だ。

イヤイヤ仕事をしている人と、楽しく仕事をしている人。どちらがより多くの結果を出すかなんて考えるまでもなく明白だ。周りの人に多くの価値を与えることができれば、お金ややりがいや楽しさなど、あなたが得る対価も自然と多くなっていく。

僕自身も、バイク屋さん、デザイナー、コンサルタント……と仕事を変えてきたが、より天職だと思えるものに変わるにつれて、収入も楽しさも倍増している。

深い喜びを感じられる

3つ目のメリットは、「深い喜びを感じられる」だ。

学生の頃の文化祭などで、何かを成し遂げていくことの喜びを味わった人も多いだろう。自分がかけた時間や労力などの大きさに比例して、得られる喜びも大きくなっていく。登る山は高ければ高い方が、登った時の見晴らしは良いものだ。そう考えると「このために生きているんだ」という使命を生きることは、とても高い山になるだろう。もしかすると死ぬまで登りきれないかもしれない。それでも、そこにチャレンジしていく道のりの中で、多くの深い喜びを得ることができる。

先日、キューバを旅してきた。キューバは１９５０年代にフィデル・カストロやチェ・ゲバラによって革命がなされた国だ。「キューバをより良い国にしたい！」という使命を持って、多くの人が革命の犠牲になって亡くなっていった。僕は、そんな人たちの墓石を眺めながら、革命自体の良し悪しはあるにせよ、こういう使命を持った生き方ができることって、とても幸せなことだなと強く感じた。自分の命の使い方に迷いがないなんて、とても豊かなことだ。

僕の思う「天職を生きるメリット」を３つ紹介してきた。他にもあるかもしれないので、ぜひ、あなた自身でも考えてほしい。

天職とは、職業ではない

ここまで、天職というものを紐解いてきたのだが、少し違う視点の話をする。あなたは天職とは「職業」のことだと思っていないだろうか？　それでは、まだ天職の本質を理解できていない。

天職とは「一生食える職業」の話ではなく、「自分が提供できる価値」の話なのだ。言い換えると「あなたの強みや武器」みたいなものだ。あなたは、自分の強みや武器について考えてみたことはあるだろうか？

Q：あなたの強みや武器は何ですか？

例えば、僕はいろいろな仕事をしている。こうして本を書く作家の仕事や、企業で研修やコンサルもしているし、起業家の支援もしている。小・中・高校で授業もすれば、名刺やホームページなどのデザインもするし、人生相談にのることもある。新しいビジネスにアドバイザーとして参画することもあれば、お客様を集めて旅に出ることもある。職業で言うと、作家、講師、コンサルタント、先生、デザイナー、アドバイザー、経営者、ツアーコンダクター、ディレクター、企画立案者など、本当に多岐にわたる。

一見するとバラバラに見えるかもしれないが、僕の仕事の共通点は「問題を見つけ、アイデアを引き出し、企画すること」だ。そして、僕の価値は「問題を見つける力と質問力、発想力、企画力」ということになり、「職業」はそれのアウトプット先でしかない。

自分の価値がはっきりとわかっているので、どんどん新しい仕事を生み出していくことができる。これは経営者でも起業家でも、サラリーマンでも、大切な発想だ。

天職が「職業」だと思っていると、とてもせまいものになってしまう。しかし、「自分の価値」だと捉えると広がりが生まれる。

例えば、「部長」が自分の仕事だと思っていると、会社がなくなると同時に自分の仕事も失ってしまう。転職をしたくても「自分の価値」が育っていないから、難しいだろう。しかし、同じ部長職の人でも「人の価値を引き出し、働きやすい環境を創ること」が自分の仕事（価値）だと捉えている人は、次の仕事も簡単に見つかると思う。これからの時代、終身雇用なんてものは幻想でしかなくなるだろう。本当に、いつ会社を放り出されるかわからない時代だ。**いつでも、どこでも必要とされる自分を育てていくことが安心でもあるし、安定でもある。**

また、自分の価値をイメージできていると、転職を重ねていくことでキャリアは高まっていく。逆に何も積み重なっていかない転職を繰り返す人は多いが、それはこの軸がないからだ。様々な経験を一つに突き通していく軸が、この「自分の価値」だ。ぜひ、大切にしてほしい。

天職を育てる５つのステップ

では、具体的にあなたの天職を見つけていこう。

その前に話しておきたいことがあるのだが、**天職は「出会う」ものではない**。ある日、突然「これだ！」というものに出会うことはない。机の上で考えていても見つからない。なぜなら、仕事を経験していく中で、その仕事の本質がわかり、自分の気持ちにも気づいていけるからだ。**天職は「育てる」もの**だ。

僕は、学校は理数系だし、人見知りで目立つのは嫌いなので、今の仕事が天職だなんて思ってもいなかった。

しかし、10年くらい前に、「あなたはアイデアがすごいよね！ちょっと相談にのってよ」と言う経営者さんや「あなたの話っておもしろい！」と言う人が現れてきたのだ。そこではじめて、自分の価値の種に気づいた。それから「発想力」「質問力」「トーク力」と名がつく本を読んだり、実践したりしながら、この種を大切に育ててきたのだ。そして、10年経った今でも、まだまだ育てている。

これから、あなたの天職を探っていくが、**ここで見つかるのは天職の種という「可能性」**だ。僕が育ててきたように、少しでもいいな!と思えるものが見つかったら、大切に育てていってほしい。

では、「天職を育てる5つのステップ」を紹介していこう。

天職の育て方１　得たいものをはっきりさせる

まずは、あなたが仕事に何を望んでいるのかを明確にしよう。お金なのか、やりがいなのか、楽しさなのか……。自分が得たいものをしっかり得られることを仕事にした方がいい。第2章を参考に、何がどれくらいあるといいかをイメージしてみてほしい。

Ｑ：仕事の対価として得たいものは何ですか？

もちろん、あなたの年や生活環境などによって、答えは変わってくるので、現時点での答えでいい。今、あなたが得たいと思うものを考えてみよう。

そして、あなたの「得たい」をより満たしてくれるものを選択していくといいのだが、もう一つ大切な視点がある。これは、自分でも気づいていないあなた自身の想いに気づけるので、ぜひともやってみてほしい。

まず、今日から10年後をイメージしてほしい。仕事もプライベートも全てがうまくいった、これ以上は想像できないという「完璧な10年後」だ。そこで、あなたは2通の手紙を受け取った。1通はお客様からあなたへの手紙で、もう1通は同僚からの手紙だ。そこにはどんなことが書かれているかを想像して、手紙の内容を考えてみてほしいのだ。現実的でなくていい。謙遜することなく、最高に嬉しいな！と思えるものを実際に書いてみよう。

Q：10年後、どんな手紙をもらいたいですか？

どうだろう。どんな手紙になっただろうか？　書き終わったら、その手紙を読み返して湧き上がってくる気持ちを十分に味わってほしい。この手紙を書くことで、あなたが本当に望んでいるものが見えてくる。お金、やりがい、楽しさ……などの話をしたが、あなたは、本当はこの手紙を読んだ時の気持ちが欲しくて、仕事をしているのだ。どんな仕事を選び、どう働くと、こんな手紙をもらえるかを考えるといいだろう。

天職の育て方２
「好き」を大切にする

次は、あなたの「好き」を見つけていこう。
あなたは、好きなことを仕事にした方がいい。その方が、あなたにとっても、会社やお客様にとっても良いことなのだ。

Q：時間を忘れて夢中になれることは何ですか？

この質問の答えを仕事にした方がいい。今の仕事が全然違うものであれば、「好き」の要素を入れていくことでもいいので、仕事の時間の中に「好き」を増やしてほしい。その方が、毎日が楽しいしストレスも溜まらない。努力を努力と思うことなく楽しめるだろう。逆に言うと「がんばろう！」と奮起しないとできないような仕事はやらない方がいい。もちろん、仕事だからツライこともあるだろう。しかし、好きな仕事であれば、それでも「楽しい！」と乗り越えていける。

それは、子どもが夜中までゲームに夢中になっているようなものだ。そんな子どもを見て、「がんばっているね！」とは言わないだろうし、本人も「がんばっている」なんて思ってはいないだろう。ただ楽しいだけだ。

しかし、ゲームも仕事もそんなに変わらない。目の前に課題があって、乗り越えようとチャレンジをする。しかし、簡単にはできず、何度も何度もチャレンジをする。一人でできない時には、参考書を読んだり、他の人に相談しながら自分を成長させていく。途中では「ツライ……」「もうやめたい！」と思うこともあるだろう。それでも、楽しいから続けるのだ。

こう考えると仕事もゲームも同じなのだが、それでも、一つだけ楽しめない時がある。それは「自分で選んでいない」ものをする時だ。ゲームも、人から強制されたものであればきっと楽しくなるだろう。仕事もやらされているという感覚ではなく、やっているという感覚なら楽しいはずだ。自分で選んでいこう。

「好き」を仕事になんて甘いのか？

「好きを仕事にした方がいい」という話をすると、年配の人に「そんな甘いことを！」

と言われる時がある。彼らの中では、「仕事はやらなくてはいけないことだから、好きなどの感情を持ち込むなんて良くない」という感覚が染み付いている。かつては、仕事があるだけましだという時代もあっただろうから、その感覚は仕方ないことだ。**でも、時代は変わった。今では、「好きなことを仕事にしない方が甘い」**と強く感じている。世の中には、あなたと同じような仕事をしている人は山程いる。しかも、これからライバルは世界中に広がっていく。単純な話、イヤな仕事をしている人と、好きな仕事をしている人と、どっちが成果を出すかなんて明白すぎる。イヤなことを仕事にしていて欲しいものが手に入るほど甘くはないのだ。企業にとっても、楽しく仕事をしてくれる人の方が望ましいだろう。

そもそも「好き」がわからない

もしかすると、自分の「好き」がわからないという人もいるだろう。**それは、自分の感情に蓋をしているか、本当にないかのどちらかだ。**

自分と向き合うことをせずに、周りの声に従って生きてきた人は、自分の気持ちをないがしろにしてきた分、自分の「好き」がわからないということがあるだろう。そういう人はリハビリが必要だ。少しずついいから、楽しいなとか、嬉しいなとか、自分の感情が動いた時をメモしてみよう。また、楽しそうに生きている人を見つけて、その人とたくさんの時間を一緒に過ごしてみるのもおすすめだ。気持ちを素直に表現することに段々と慣れてくる。

そして、そもそも自分の中に「好きがない」という人もいる。これは経験や情報が圧倒的に足りていないのだ。きっと、同じ毎日をずっと繰り返してきたんだろう。そういう人は、いろいろなところに出向いて、いろいろな人に会ってみるといい。本屋さんに行くのもおすすめだ。まだ行ったことのないコーナーがあるだろう。そういう本を眺めてみることで、好きなものが見つかってくることもある。世界を広げてみよう。また、人から誘われることには、好き嫌いを考えずにのってみるといい。食わず嫌いをしていることも多い。

「好き」を仕事にしている人の例

「好き」を仕事にするって、どういうことだろう?とイメージが湧かない人もいるだろうから、ここで少し事例を紹介したい。みんな僕の友人たちの例だ。

インテリアが大好きで、手先が器用な友だちがいる。趣味で１００円ショップなどで売っているもので自分好みの部屋を作り、それをインスタグラムにアップしていた。ある日、大手のリフォーム会社の目に止まり、今ではその会社の社員になり、ホームページにインテリアの記事を書いたり、展示会で商品を売ったり、オリジナルの家具を作るワークショップを開催したりしている。

ホームパーティーが大好きな友だちもいる。彼女は、自宅でホームパーティーをするような裕福な家に育った。一人暮らしをするようになってからも、自宅に友だちを招いてホームパーティーをしていたのだ。その話を上司が聞きつけて、今では、取締役の秘書をしながら、彼らのホームパーティーのプロデュースもしている。さらに、新しく管理職になった人の奥様などに、ホームパーティーの開き方や振る舞い方などもレクチャーしているそうだ。

昔は、飲み屋さんに勤めていたけれど、今ではとても優秀な保険営業員になった人もいる。とにかく、人の話を聞くのが好きで得意な彼女。経営者さんやお医者さんからとてもかわいがられるのを活かして転職をしたのだ。僕も時々一緒に飲むのだが、彼女が相手だとついつい余計なことまで気持ち良く話してしまう。

プラモデルが好きな友だちもいる。大手企業で管理職をしていたけれど、心の病気を患い退社。療養中にはじめたプラモデルに夢中になって、今では、完成したプラモデルをオークションで販売したり、不器用でプラモデルを作れないという人たちからの依頼で製作代行もしている。すでに大手企業に勤めていた時よりも稼げているそうだ。

このように、「好き」を仕事にしている例はまだまだある。**好きを仕事にすることは、サラリーマンのままでも、起業をしてでもできる。**少しはイメージが湧いてきただろうか。もしかすると「こんな仕事ができたらいいけど、私には難しいかも」と思っている人もいるかもしれないが、心配ない。ここに紹介した4人も、昔は同じことを言っていた。

天職の育て方３

得意を知る

「好き」を仕事にしようと話したが、残念ながら、好きなだけでは仕事にはならないことが多い。なぜなら、人を喜ばせることができないと仕事にはならないからだ。

「天職」とは少し違う意味の言葉として「適職」という言葉がある。「適職」とは、あなたに適した仕事のことだ。言いかえると、あなたが得意なことを活かせる仕事ということだ。


例えば、僕は毎日同じことを繰り返し行ったり、ミスがないことを求められる仕事には向いていない。「適性がない」ということだ。しかし、新しいアイデアを出すような仕事には向いている。こちらには適性がある。言い方を変えると「得意である」ということだ。この適性もないと、好きなだけでは仕事にはならない。もし、好きなだけで仕事になるなら、僕は今頃、満席の武道館で熱唱しているはずだ。

ここでは、あなたの適性や得意を見つける質問を紹介するので答えてほしい。

Q：周りの人に褒められることは何ですか？

あなたが褒められることは、得意なことである可能性が高い。周りの人が価値を感じているということだ。これから、「ありがとう」と言われることに意識を向けてみよう。「○○で、ありがとう」の「○○」の部分を見つけていくと、自分の適性や得意が見つかってくる。

Q：周りの人に頼まれることは何ですか？

頼まれることも、周りが価値を感じていることだ。例えば、駅から家まで帰るのに小学生に「家まで送ってほしい」とは頼まないだろう。それは、できそうもないからだ。周りの人があなたに何かを頼むということは、あなたにできそうだから頼むのだ。**周りの人によく頼まれることにも意識を向けてみよう。**そして、それに全力で応えてみるのもいい。僕は、こうして自分の天職を育ててきた。

また、仲の良い友だちや同僚に、「僕に何でも頼めるとしたら、何を頼みたい？」と聞いてみるのもいいだろう。周りの人が自分に感じている価値は、結構意外なところにあったりする。

自分の適性や得意は、自分ではなかなか気づけない。魚が、自分は泳ぐのが得意だと気づいていないように、本当に得意なことは他人から教えてもらわないとわからないものだ。はじめは「こんなことでいいの？」と思うかもしれないが、「無意識なのにいつの間にかできていること」が本当の得意なのだ。もちろん、まだ得意でないことでも練習を繰り返していくことで得意になっていくものもある。得意は創ることもできるのだ。

天職の育て方4

行動し、育てていく

「好き」と「得意」が見つかったら、その両方が交わることを探していこう。好きなだけでは、対価をもらうことは難しいだろうし、得意なだけでは自分が続かない。好きで得意の両方が必要だ。

「得意」は育てていくことができるので、どうしてもやっていきたいという「好き」が見つかったのなら、まずはやってみるといい。

どんな立派な人もはじめからうまくできた訳ではない。僕も今はこうして文章を書くことを仕事にしているが、はじめは全然書けなかった。10年前には、たった数行のブログを書くのに半日もかかっていたのだ。今では、2時間もあれば、この本の1章分くらいの文字を書ける。やりたいことがあるなら練習をすればいいのだ。

でも、それでもやはり向いていないこともある。僕は歌うことが好きなのだが、音楽教室に通っても音痴は治らなかった。残念ながら向いていないので、サクッと諦めて他のことに集中した方がいいだろう。時間とエネルギーがもったいない。

また、**「好き」も育てていくことができる**。まだ、「好き」が見つからないという人は、周りから頼まれることを一生懸命にやってみるといい。やっていく中で、その仕事の楽しさに気づくことも多い。知らないから、好きではないということも本当によくある。

僕も人前で話すのは、本当に嫌いだった。しかし、ある時、周りから頼まれたから一生懸命にやってみた。そうすると、意外と楽しいことに気づけたのだ。あの時の講演を引き受けていなかったら、今この仕事をしていないと思う。頼まれたことをとりあえずやってみることはとても大切だ。僕は今でもこの感覚を大切にしていて、やったことのない仕事を優先的に選ぶようにしている。そこに可能性があるからだ。

✔ 小さくやってみる

好きで得意なことがある程度見えてきたら、まずは、周りにいる人に軽く提供してみよう。いきなり転職や起業をするのではなく、仕事の中やプライベートな時間などを使って、周りの人に小さくお試しで提供してみるのだ。

先に紹介したインテリアの仕事をしている彼女は「インスタにアップする」ことからはじめた。ホームパーティーの彼女は「同僚を自宅に招く」ことからはじめた。プラモデルの彼は「オークションに出す」からはじめた。みんな「まず小さくできる一歩」からはじめているのだ。

今は、その好きなことが仕事になっていくことがイメージできなくてもいい。まずは、小さくはじめることだ。そうすると、その一歩が次の一歩を呼んでくる。

考えているだけではなく、行動をすることが大切だ。**まず、小さく簡単でいいので、周りにいる人に提供してみることからはじめてみよう。**

✓ フィードバックを受ける

周りの人に小さく提供をしたら、「どうだったか」を聞いてみよう。その声を参考により良いものに改善していくといい。あなたが提供しているものに、どんな価値が、どれくらいあるかを決めるのは相手なのだから、その人に聞いてみないとわからない。「もっとこうするといいよ」という改善案を教えてもらおう。

ここで大切なことが2つある。

1つは、**「あなたをよく知っている人からフィードバックを受ける」**ということだ。あなたのことを知らない人からのフィードバックやアドバイスはあまり価値がないどころか、むしろマイナスになることもある。

例えば、僕はスーツもネクタイも持っていない。企業の研修などもシャツにジャケットというスタイルで行く。それはちゃんと意味があって、僕は「親しみやすさ」や「わかりやすさ」をウリにしているので、それを活かしたいのだ。研修先のお客様と飲みに行って深い相談にのるような「近い関係」の中で、相手の懐に深く入っていきたいのだ。そのことを知らない人は「本も売れて成功しているんだから、そろそろ良いスーツを着て、良いネクタイと、良い靴と、良い時計を……」という話になってくる。**アドバイスという形で僕の個性を壊しにきているのだ。そんな話を聞いてはいけない。**あなたの個性をよく知っている人からだけフィードバックをもらおう。

そして2つ目は、**お客様になりそうな人からの意見をもらう**こと。先に紹介したプラモデルの友だちは、はじめ僕のところにアドバイスを求めにきた。たしかに「プラモデルを仕事にすれば？」と言ったのは僕だ。しかし、僕はプラモデルに興味がないから、「いくらがいいかな？」「納期はどれくらいがいいかな？」とか細かいことを聞かれてもイメージできない。

そういうことは、お客様になりそうな人に直接聞いた方がいい。正解はお客様が持っている。もし、会社の場合は、上司や同僚に聞いてみるといいだろう。

あなたをよく知っている人と、あなたの価値を喜んでくれる人（お客様）からのフィードバックを受けて、より良いものに改善していくのだ。あなたが良いと思うだけでは、独りよがりなものになってしまい、周りを喜ばせることができない。あなたと周りのバランスを取ることが大切だ。

天職の育て方5

人生をかけて成し遂げたいことを知る

「世界から戦争をなくしたい」とか「いじめをなくしたい」などのように、社会的なテーマを見つけていくことも大切な視点だ。「このために生きている」と心から思えるものと出会えたなら、それは本当に幸せなことだろう。次の質問を考えてほしい。

Q：仕事を通して周囲にどんな影響を与えたいですか？

ちなみに、僕の答えは「僕が仕事をすることで、一人ひとりが自分らしく、最高の人生を生きていけるようになる」だ。僕は、このために働いていると言っても過言ではない。この答えは頭で考えたものではなく、心の奥底から湧き出てくるものなので「なぜ、これをやりたいのか」と聞かれても答えられない。しかし、想像するだけで胸が熱くなっていく。あなたもぜひ、「これを実現するために生きている！」と思えるものを見つけてほしい。

この想いがあることで、仕事も人生も「こなす」ものから「創造していく」ものに変わり、毎日に張り合いが生まれるだろうし、あなたを応援したいという人も現れてくるだろう。

もし、この「湧き出てくるような想い」が見つからない人は、次の質問も考えてみるといい。

Q：これまでに乗り越えてきた悩みやコンプレックスは何ですか？
Q：これまでに感動した出来事は何ですか？
Q：今の世の中を見て「問題だな」と思うことは何ですか？

これらの質問に答えることで、より深まっていくだろう。ぜひ、自分の心を突き動かすものと出会ってみてほしい。

ここまでで、あなたが天職を育てていく5つのステップを紹介してきた。これは本当に読むだけでは意味がないので、きちんと取り組んでみてほしい。僕は、一人ひとりが天職を仕事にして毎日を楽しく過ごすだけで、世界は大きく豊かになっていくと思っている。

もし「仕事ってイヤだ！」と思っている人がいるなら、きっと、それは上の世代から受け継がれたものだろう。僕たちが楽しく仕事をすることでその連鎖を断ち切り、次の世代が「仕事っていいいな」「早く大人になりたいな」と夢や希望を持てるようにしたいのだ。

なぜ、本当にやりたいことに出会えないのか？

いろいろと考えたり、実際に仕事をしてみたけれど、「これだ！」と思える仕事に出会えていないという人も多いだろう。ここでは、天職と出会えないでいる理由も考えてみよう。

足りないものに目を向けている

Q：その仕事には、どんな良いところがありますか？

仕事をしていると不満に思うことがたくさんあるだろう。そこに目を向けているといつまでも「これだ！」と思うものには出会えない。なぜなら、**どんな仕事にも良い面とそうでない面がある**からだ。その気になれば、どんなものでも、どんな状態でもケチをつけることができる。それよりも、「いいな」と思うところに目を向けよう。

僕は、コンサルタントという仕事をしているが、その中で「正解を教えないといけない」ということがイヤだった。「いろいろな可能性があるし、そもそも本人が納得しないのであれば、どんな良いアドバイスでも行動しないだろう」と思うのに「こうするといいよ」と言うのがイヤだった。そこで、自分でいいなと思えるように改善することにした。「こうするといいよ！」という正解を教えるコンサルタントから、「どうしようか？」と一緒に考えていく並走型のコンサルタントになったのだ。これで成功していった。あの時、コンサルタントのイヤなところだけに目を向けていたら、とっくにやめていただろう。

他人の顔色を気にしている

Q：良い仕事とはどんな仕事ですか？

「あなたにはこの仕事が合っていると思うよ」「こんなに良いのに、なんでやめるの」「良い会社なのに……」そんな言葉を聞くこともあるだろう。それは、ある意味では正しいかもしれないし、間違っているかもしれない。なぜなら、それが正しいか間違いかを決めるのは、他人でも社会でもなく、あなただからだ。あなたがいいなら、それでいい。

こういう時に他人のアドバイスを聞きたくなる気持ちもわかるが、もし他人のアドバイスを聞いて、うまくいったなら「あの人のおかげだ」となり、ダメだったら「あの人のせいだ」と不満を言うことになる。どちらにしろ、そこに「あなた」はいない。自分で考え、決断し、行動するからこそ、そこに幸せが生まれるのだ。

大丈夫だ。どんな道を選んだとしても、それが正解だったと思えるように生きていければいいだけだ。何が正解かはその後の行動で創られていく。

この「自分で考え、決断していく」を繰り返す中で、自分の中に「いい」という基準が創られていく。いつまでも他人に流されている場合ではない。

世界がせまい

Q：どんな人と話したいですか？

そもそも、持っている経験や情報が少ないから天職がわからないということもある。メニューが1つしかなければ、イヤでもそれを選ぶしかない。人生のメニューを増やしていくことが大切だ。

例えば、僕は毎日1つは、「まだやったことのないことをする」ようにしている。駅から家まで違う道で帰ってみたり、新しいレストランに行ってみたり、普段は読まないジャンルの本を読んだり、新しい音楽を聞いたり、反対の手で歯磨きをしてみたり、バーや居酒屋で隣り合わせた人と話をしてみたり、降りたことのない駅周辺を散歩してみたり。こうして新しい経験をすることで、自分の中のメニューが増えていく。

天職を探すという意味では、いろいろな仕事をしている人と会ってみるといい。そして、できれば、職場体験をさせてもらうか、カバン持ちをさせてもらうのもいい。

僕も、カバン持ちを募集していて、僕の仕事に一緒についてきてもらう体験を提供している。近くで経験することで「やはり、この仕事を目指します！」と決意を新たにする人もいるし、「思っていたのと違っていました」と思いを改める人もいる。どちらにしろ、経験したからこそ得られる感覚だ。

✓ 自分の人生に責任を持っていない

Q：今できることは何ですか？

不平不満やグチばかりを言って、他人を責めてはいないだろうか。そんな時間を作っても、少しの間スッキリするだけで、何も解決しないし、あなたの実にもなっていない。自分の人生を引き受ける覚悟もできていない人を社会人と呼ぶこともおかしいと思う。**子どもの頃のように、いつも周りの人が気に掛けてくれて、わがままを言っていれば、それを満たしてくれるなんてことはもうない。自分で自分を幸せにしてい**

くしかないのだ。いつまでグチを言い続けるつもりなのだろう。それはどんなに意味のないことで、無様なことかに早く気づいた方がいい。

不平不満やグチを言ってはいけないと言っている訳ではない。そんな弱音を吐きたくなる時もあるだろう。僕が言いたいのは、グチを言って終わるのではなく、「じゃあ、私にできることは何だろう？」と「自分ごと」にしていってほしいということだ。「たとえ火の中、水の中」という言葉があるが、こんな生き方ができている人は少ない。多くの人は「たとえ火のそば、水のそば」だ。近くまで行って安全なところで、ブツブツとあれこれ批評をしているだけだ。批評家になりたいのであれば、それでもいいかもしれないが、じゃあ、誰があなたの人生を実践していくのだろう？　自分の人生を創っていこう。

仕事は1つだと思っている

「やりたいことが見つからない」という人と話をしていると、なんとなく「仕事は生涯で1つ」と感じている人が多いような気がする。それだと、確かに「間違ったものを選んではいけない……」と、選ぶことに慎重になっていくだろう。けれど、前のページでも紹介したように、探し求めるべきは「あなたの価値」が何かという話であって、職業はいくつでもいいし、度々に変わっていってもいい。やってみてダメならやめればいいだけの話だ。僕も、いろいろなことをはじめてはやめてきた。

仕事とは、職業のことでもないし、ましてや就職をすることでもない。会社も仕事も一つでなくてもいいかもしれない。副業をするという可能性だってあれば、ビジネスオーナーになるという発想もある。

要するに、自分がやりたいなと思えることで、人を喜ばせて対価をもらえばいいのだ。可能性は無限大にある。今できることから、どんどん探っていこう。

ベストなやめ時はいつか？

この本と出会い自分の気持ちに気づいたことで、本格的に転職を考える人もいるだろうし、やめていいものか悩んでいるという人もいるだろう。では、いつがやめ時かを考えてみよう。

Q：どんな状態になったら、次に進めますか？

これも、あなたが決めることなので、僕から答えを言うことはできない。考え方のヒントを提供していくので、いつがやめ時かは自分で考えて決めてほしい。その決断すらも人に委ねると、「あの人が言ったからやめたのに……」と他人のせいにしてしまうことになる。

まず、目の前にツライ状況があるとした時に、我慢をする方がいいか、しない方がいいか。するなら、どこまで我慢するのかという問題がある。

確かに、我慢をすることでしか得られないものがあるのも間違いない。僕がはじめて入った会社に少し大変な先輩がいた。言うことが自分の都合でコロコロ変わるので、僕は何が正しいのかわからなかったし、すぐに怒りはじめるので、関わるのも大変だった。僕は、毎日のように会社帰りに海を見に行きこっそり悔し涙を浮かべていたものだ。

それでも、彼と関わったことで、僕は大きなものを得ることができた。難しい人と関わるのが上手になったし、相手の気持ちを尊重しながら自分の気持ちを伝える術《すべ》を身につけていった。このように、人生のどこかで、目の前にイヤなことがあった時の関わり方と対処法を身につけないとちょっとイヤなことがある度に転職を繰り返すことになる。いつまでも逃げ続ける訳にはいかないのだ。

また、自分にできることをやり尽くすまでは、そこにいる意味があると思う。**どんな経験であれ、全ての経験はあなたの糧になっていくが、ただ「やらされている」と感じていることからは得るものも少ないだろう。**自分の意思として、やりたいと思えることがある内は、もう少し様子を見てもいいかもしれない。

しかし、心や体を病んでしまったのでは、本当に意味がない。そこまで我慢しないといけない状態であるなら、さっさと逃げた方がいい。**逃げることは悪いことではない。**逃げることだってとても勇気ある行動だ。

人が成長できる唯一の方法とは？

人が成長できる方法は一つしかない。これ以外に成長する方法はないのだが、それは**「混乱する」**ことだ。

僕自身の経歴を書き出してみると、５年間くらい何も書けない時期がある。その間は、順調に売上を伸ばしていた時期だ。何も考えずに、昨日と同じことをしていれば売上が上がっていたので、まったく成長も変化もない時期だ。その後、リーマンショックが起こり、経営が傾いた。その時は本当にたくさん考えた。毎日苦しかった記憶があるが、大きく成長できた期間だった。

考えてみれば当たり前のことだ。「昨日までの自分」で乗り越えられる今日であれば成長する必要はない。**「昨日までの自分」では乗り越えられないことがやってくるから人は成長していく。そう考えると、悩みや課題がやってくることは、喜ばしいこ**

とだ。

もし「悩みや課題がある」ことを「我慢」だと思っているのであれば、そこからは逃げない方がいい。成長する良いチャンスだし、それは望んで手に入るものではない貴重な時間でもある。しかも、逃げたとしてもまた形を変えて、あなたのもとにやってくる。いつか立ち向かうしかないのだ。

逆に言うと、もう何の壁もやってこないようなこなれた状態であれば、少し考えた方がいいかもしれない。ラクで安全ではあるだろうが、そこに成長や楽しみが増えることはないだろう。

「必要とされている……」では、誰も幸せになれない

よくある話題として「やめたいけれど、周りから期待されているから……」とか「頼りにされているから……」といったものもある。

本人はやめたいと感じているのに、必要とされているから仕方なく残っている感じだ。これもよく考えた方がいい。もし、あなたが「必要とされる」ということに価値を感じるのであれば、そこに残っていればその気持ちを満たすことはできるだろう。

しかし、あなたは残ってあげていると恩を売っているつもりかもしれないが、その恩はあっさりとないがしろにされかねない。もし、あなたが「犠牲になっている」とか「してあげているのに……」という気持ちになっているのであれば、なおさらだ。それでは良い関係は続かない。

✔ 自分を活かす場所とは？

最後に、それでも踏ん切りがつかないという人もいるだろう。

もしかすると、「どうせ私なんて……」と自分を低く見積もっているのかもしれない。「本当はもうイヤだけど、他に雇ってくれる会社もないし、私なんて、ここで我慢してやっていくしかないんだ……」という状態だ。これもよく考えた方がいい。

本当にあなたが提供しているものの価値が低いこともある。その場合は、この本を参考にしながら自分を育てることをしてみよう。**自分の価値が高まれば、周りからの評価も変わり、それに応じて自己評価も高まるだろう。**

しかし、あなたには問題はなく、ただ「環境が合っていない」ということもある。

南国の花が北国では咲かないように、どんなに素晴らしい人でも身を置く場所を間違えると輝けない。確かに、一か所でがんばって咲く花もあるだろうが、そもそも環境が合っていなければ、どれだけがんばっても咲かない花もあるのだ。

僕の場合、今でこそ、こうして仕事ができて人並みには稼げているが、もし正確さや規則正しさが重要視されるような仕事に就いていたら、活躍できていないどころか、すぐに解雇されていただろう。自分の特徴を活かせる場所に身を置くことが大切だ。

天職は、待っていてもやってこない

今、仕事をしている人は、この章で見つかった**自分の価値を、毎日の仕事の中で発揮することからはじめてみよう**。できるかどうかは大切ではない。やりたいかどうかが大切だ。そして、失敗を恐れる必要もない。そもそも、はじめから成功すると思っていることが傲慢だ。やったことのないことをするのだから、失敗して当たり前。うまくできたら奇跡だ。それくらいの気持ちで取り組んでみるといい。

そして、これから仕事をするという人はまずは何でもいい。自分を必要としてくれるところに身を置いてみよう。その中で懸命に生きていくことで次の扉が開かれる。

この天職を探す旅に終わりはないのかもしれない。僕も今やっている仕事が完璧なものだとは思っていない。もっと自分に合ったものがあるかもしれないとも思っている。それは、自分に満足したくないという気持ちもあるかもしれない。僕もまだまだ育てていくので、あなたも一緒に取り組んでいこう。

4

惑わされない働き方とは？

この章のテーマは「働き方」だ。

「働く」を考える時には、「どんな仕事をするか？」という「職業」を考えることが多いが、「どう働くか？」という「働き方」という視点があると、もっと豊かになっていく。

職種も給料も人間関係も良いのだが、働き方が合わなくて……という人も多いだろう。あなたが心地よく働けるにはどうすればいいかを考えていこう。

Q：「働き方を考える」とは、具体的に何をすることだと思いますか？

じっくり考えてみてほしい。

あなたにとって「働き方を考える」ということはどういうことだろう？

働き方を考えるとは、「休日や残業など、できるだけ自分に都合の良い条件を考え直すこと」と捉えているかもしれない。そうであれば、「どうすれば、できるだけ短い時間で、できるだけ多くの対価を得るための働き方ができるか？」と考えるだろう。それも悪くはない。そういう一面もあるので否定をする気はない。しかし、それだけでもないはずだ。

僕は「働き方を考える」とは、「あなたが自分の価値を最大限に発揮できる環境を整える」ことだと思っている。そう考えると、単純に、長く働くことが悪だと決めつけるのもどうかと思う。もしかすると休日は少なくていいかもしれないし、残業も多くてもいいと思う人もいるだろう。逆に、心地よく働くために、しっかり休むことが大切な時もある。大切なことは、自分の価値を心地よく発揮できる環境があるかどうかということであって、労働時間の長さという問題ではない。

これから、少しずつ細かく分解しながら「自分を最大限に活かす環境づくり」を考えていこう。

働き方の可能性を広げよう

まずは、世の中にはいろいろな働き方があるので、それを紹介していこう。

その前に余談。先日、とある温泉旅館に泊まった。とても趣《おもむき》のある老舗の旅館だ。温泉に入って寝ようとした時、どこからともなく「コツン、コツン」と音が聞こえたので、おばけでも出たのかなと恐ろしくなった。そのままだと気持ち良く眠れないので、意を決して部屋を見て回ったところ、音の原因は洗面台の蛇口だった。原因がわかると恐れることは何もない。けれど、原因がわからないと余計な妄想をして一人でどんどん恐れを増やしてしまう。「百聞は一見にしかず」ではないが、「百想像も一見にしかず」だと思う。まずは知ることであり、そのために行動してみることだ。知らないから、せまい世界の中で窮屈に生きていくことになる。

「働く」も同じだ。もしかすると、サラリーマンの人は、起業家や経営者と聞くとハードルが高いように思うかもしれない。それは**「知らない」から**だ。

僕たちは、小さな頃に親など身近な大人の姿を通して「働く」ということを体感として知っていく。僕もサラリーマンだった父の姿を見て、「こんな時間に出勤するんだな」「休みはこれくらいのペースであるんだな」「これくらいの時間に帰ってくるんだな」「仕事に行く時はこんな顔をしていて、帰ってくるとこんな顔になるんだな」と、無意識にこと細かくサラリーマンという働き方のことは学習していた。

逆に、実家が自営業の人や、経営者や起業家という人はその働き方が当たり前になるだろう。そういう人はかえって「サラリーマン」が難しそうだと思う。僕の母方の祖父は八百屋を家業としてやっていたので、母にとってはサラリーマンが難しそうだったのだ。

「知らないから」と可能性が閉じられることは本当にもったいない。これからいろいろな働き方を紹介していくが、先入観を持たずに読んでほしい。

「私にはできない！」と拒絶するのではなく、「そんな働き方もあるんだ。私がやってみたらどうなるかな」とイメージを膨らませてみてほしい。

サラリーマン

企業に雇用されて働く形態。その組織のルールや規則の中で働くことになるので、個性が発揮しづらい。自由が少ない。時間の制約が強いなどの面がある（それを緩和しつつある企業も増えてきている）。一方で、収入が安定している。生活基盤の保障（病気になった時など）がしっかりしている。与えられた役割だけに集中できる。大きな案件（金額、社会的影響力）を扱いやすいという面もある。

フリーランス

企業などに属さず、直接、自分の価値をお客様に提供して対価を得る働き方。自由度は高く、勤務時間も仕事内容も全て自分で決めることができる。イヤな仕事はしないなどのわがままも言える。自分の価値を対価に換えるという面では一番わかりやすい。しかし、社会的な保障や評価が低い（お金を借りることなどが難しい）。一人では大きな仕事に携わることが難しい。営業から請求書の発行、決算など、自分がやるべき仕事の範囲が広いという面もある。

起業家と経営者

起業家からはじまって経営者になるという人も多いだろう。しかし、この2つは似ているようで大きく違う。起業家は「起こす」人で、経営者は「営む」人という違いがある。起業家は、「0」から「1」を生み出す人で、経営者は、「1」を「10」に育て存続させていく人だ。求められる能力も全然違う。

ちなみに、フリーランスと経営者も大きく違う。フリーランスは対価を得るための仕事を自分でする。デザイナーであれば、自分でもデザインをする人がフリーランスだ。経営者は、デザイナーを雇えばいいので、自分はデザインをする必要はない。

ビジネスオーナー

企業の株を持っているとか、家賃収入があるとか、自分が働かなくてもいい不労所得があるなど、元になるお金を投資して利益を得る働き方。最近では、投資用にマンションを持っている人や、民泊などで利益を上げている人も多い。副業として営んでいる人も多いのではないか。主な対価はお金だろう。時代に合っていれば安定収入を得ることができるが、時代の変化に影響されやすくもある。

ちなみに、「個人事業主」と「法人企業（株式会社など）」という切り口もあるが、それは「ビジネスの形」の話であって、「働き方」とは少し違う。フリーランスにも経営者にも、個人事業主もいれば、法人化している人もいる。

ここで紹介した働き方は、どれが良いという問題ではない。どの働き方にも良い面とそうでない面がある。今、もし、自分の働き方を見直してみたいと思うのであれば、可能性を広げ考えてみるといい。もちろん、ここに当てはまらない働き方もあるだろうし、いくつかを組み合わせることもできると思う。

僕は今現在、作家活動や講演など自分自身の活動をするフリーランスでもあるし、コンサルタントの育成や派遣などを行う会社の経営者でもある。小さなお店の共同オーナーでもあるし、企業に取締役として雇われている立場でもある。それぞれ、そこで得られるお金や楽しさなどの対価が違うので、いくつものスタイルで働いている。

このように一つにする必要もない。自由に選び、創り出せばいいのだ。

ワークライフバランスの謎

「ワークライフバランス」という言葉がある。「仕事（ワーク）とプライベート（ライフ）のバランスを取りましょう」という話だ。

確かに、人生は仕事ばかりではないのだから、プライベートの時間も充実させた方がいいだろう。それは賛成だ。しかし、僕はこの「ワークライフバランス」という発想に、すごく違和感を覚える。

まず、あなたの中で、ここまでが仕事で、ここからがプライベートとハッキリと線を引くことができるだろうか。通勤時間は仕事中？　プライベート？　会社帰りの同僚との飲み会は？　休日のゴルフは？　休みの日に見た映画が仕事の役に立つこともあるだろうし、仕事中に机に置かれた家族の写真を見てやる気が増すこともあるだろう。それは公私混同？　それを「ここまで」と線を引いて分けることに違和感を覚える。

しかも、なぜだか「仕事＝良くないもので、少なくしていくもの」「プライベート

＝良いもので、増やしていくもの」という構図ができあがっているのもよくわからない。ある企業では、強制的に「残業をしてはいけない」というルールを作っておきながら、一方で「仕事にやる気を持て！」なんて言っているのだから、矛盾している。本当にやる気になったら、時間を忘れて仕事をしたくなる時もあるだろう。

そろそろ、「時間」で働くのをやめよう

一人の人の中にワークもライフも存在するのだから、それを「時間」で区切ることに無理がある。タイムカードなどは、本当に表面的な形式でしかない。それよりも「やりたいこと」で区別してみるとどうだろう。「今日は、やる気になっていて仕事が捗《はかど》るので、残業してがんばります！」「今日は、ちょっと気がのらないので、少し遊んでから仕事に行きますね」という方がよほど生産的だし健全だ。成果も出るだろう。そんな甘いことを言っているんじゃないと思う人もいるかもしれないが、どんな人も、やる気がでない日だってある。そんなことを建前や根性論で不自然にごまかさなくてもいい。もうみんな違和感があると気づいているのだから。

僕たちは、自分の価値を対価に換えることを仕事としている訳で、時間を対価に換えている訳ではない。ここに大きな矛盾がある。要するに、**ワークだのライフだのと面倒なことは言わずに、やりたい時にやりたいことができるようにすればいい**のだ。

これができないもっとも大きな理由は「多くの人は仕事をしたくないと思っている」という会社側の恐れだ。ちなみに、就業規則や社内規定、タイムカード、日報などがあるのも、基本的に「人は働きたくない」という前提に作られているものが多い。そんな目で社員を見るから、そういう社員が集まってくるのだ。

余談だが、よく「日本人は働きすぎだ」という話を聞くが、実際のところそんなことはない。

日本人の平均労働時間が、世界の中で何位か知っているだろうか？　ＯＥＣＤ（経済協力開発機構）の２０１７年のデータによると、日本人の平均労働時間は、１７１０時間（1年間）で、22位に位置する。１位はメキシコで２２５７時間。世界平均は１７５９時間だから、日本は世界で見ても平均より低い。日本人は、意外にもそんなに働いていないのだ。

これは平均値の話だから、望まないのに長時間労働を強いられている人もいるだろう。それは是正していかないといけないことだが、単純に「働きすぎだ！」と言うのもどうかと思う。

「働き方改革」を自分のものに

国の「働き方改革」としては、先の「労働時間を短くすること」の他に「雇用形態を整えること」と「労働生産性を高めること」なども行っているので、その話もしたい。

正社員と契約社員の待遇格差をなくしたり、それ以外の雇用形態を作ろうとするなどの「雇用形態を整える」ことはとても意味のあることだと思う。

より多くの人が、心地よく働けるように雇われ方の選択肢を増やしてほしいと願っている。昔は「個人事業主」では大手の企業とやりとりをさせてもらえなかったのだが、最近は、問題なく仕事をさせてくれる企業も増えてきていて、変化を実感できるようになってきた。

これが進んでいくと、出産や介護を迎えても、高齢者になっても、その人に合った仕事をその人のペースでできるようになる。これは雇う側にも雇われる側にとっても良いことだ。こうして、どんどんわがままを言えるようになってきている。環境は整いつつあるのだから、自分がどう働きたいのかを明確にしておくといい。

「労働生産性」の話もしよう。労働生産性とは、「できるだけ少ない労働者が、できるだけ少ない労働時間で、どれだけ多くの成果を残していくか」という話だ。一部をＡＩ化したり、極力ムダを省いたりしながら、生産性を高めようとしている。しかし、僕が思う生産性を高めるもっとも効果的な方法は「一人ひとりが心地よく、楽しく働く」ことだと思う。働きたくないと思っている人を雇うことほど、生産性の低いことはない。そう考えると、僕たちは、ますます好きで楽しいと思えることを仕事にした方がいいし、企業はそういう人を雇用した方がいい。

あなたにとって理想の働き方とは？

自分にとって「良い働き方とは？」の答えを知っておくといい。働くということに「安定」を求める人もいれば、「刺激や経験」「自由」を求める人もいる。自分が何を大切にしているかがわかれば、それが満たされる働き方も見えてくるだろう。

Q：働き方に何を求めていますか？

ここで、この質問の答えとしてよくある「安定」「刺激や経験」「自由」について、少し考えを深めていこう。

✔ 安定を求めても、安定できない？

よく「安定したいです」という話も聞くのだが、安定って何だろう。昨日と変わらないことを安定と言うのだろうか。それとも、人生の波が少ないことを言うのだろうか。特別嬉しいことも必要ないから、特別ツライこともいらないということなのだろうか。**あなたが、もし「安定したい」と願うのであれば、何がどうなると安定していると思えるのかを考えてほしい。**

Q：安定するとは、具体的にどうなることですか？

もし、仕事自体に安定を求めるなら、それは少し大変かもしれない。なぜなら、安定しているということは、ある意味では成長をしていないということだからだ。例えば小学生がずっと小学校に通い続けていれば安定しているだろう。中学校という未知の世界に飛び込んでいくことは不安もあるし、生活も崩れるかもしれない。でも、ずっと小学生を続ける訳にもいかない。飽きてもくるだろうし、周りからの期待もかわってくるだろうし、結婚や子どもができたりすれば、同じ収入のままではやっていけない。「ずっと変わらない」ということはできないのだ。

それは、仕事も同じである。ある時には、今いる安全な場所を飛び出していくことも必要だろう。飛び出すことは勇気がいるかもしれない。しかし、飛び出してみるとわかるが、そんなに難しいことでもない。小学校、中学校、高校、大学、社会人と、過去を捨て新しい世界に飛び込んでいくことは、あなたも何度も経験しているはずだ。むしろ、今の場所にとどまり続ける方がよほど危ない。あなたは変わらなくても周りは成長をしていく。周りと比べると、そのままでいることは、むしろ下降をしていることになる。安定するためにも成長は続けた方がいい。

また、「いつもちゃんと生活できること」を安定というのであれば、前の章を読み直して、自分の価値をしっかりと高め、自分自身をお金に換えられるようにしておく方がいい。会社などの大きなものに身を寄せていて、ここで守られているから安心というのであれば、それは全然安心ではない。今やどんな企業でも明日はわからないし、もしかすると、日本という国でさえ安心ではないかもしれないのだ。

では何が安心かというと、「どんな状態でもちゃんと生きていける」という状態を創ることだろう。荒野に放り出されたとしても生きていける価値を身につけることが、今の時代、もっとも安心なことだと思う。

フリーランスで生きている人は稼ぎ口を増やしていくことだろう。サラリーマンの人は、会社の中での役割を仕事だと思うのではなく、自分の価値を会社に提供していると考え、その提供できる価値をどんどん高めていくのだ。

✓ 刺激や経験が欲しい？

「どんどん新しい経験をしてみたい！」という人もいる。こういう人は、現状で満足することなく、もっと、もっとと成長していくことだろう。

Q：どんな経験をしたいですか？

特にフリーランスや経営者のような仕事をすれば、刺激や経験は、目に見えてどんどん増えていく。毎回、違う人と違う仕事をすることも多いだろうし、求めなくてもトラブルも壁も向こうからイヤというほどやってくるから、毎日に退屈することはないはずだ。サラリーマンも、刺激や経験を求めることはできる。社内にいる人を誘って順番に飲みに行くだけでもいろいろな経験ができるだろうし、手を挙げさえすれば、いろいろなチャンスも回ってくるだろう。

ここで大切なことは、どんなことでも糧になるということだ。何も特別な経験だけが、あなたを成長させる訳ではない。どんな経験でもあなたの捉え方一つで得るものは山程あるのだ。書類のコピーなどの誰にでもできる仕事を、つまらないと思う人もいるだろう。しかし、そんな仕事でも自分にしかできないレベルでやってやろうと思う人もいる。特別な経験だけを求めていかなくても、自分の意識一つで、目の前の毎日はとても刺激的になっていくし、経験を重ねていくことができる。

また、僕自身を振り返ってみると、倒産の危機や、離婚をした時など、人生のピンチという経験があったからこそ、大きな成長を成し遂げられたと思っている。その時々には、ツライなと思う経験だけれども、その事実を良いものか、良くないものかを決めるのも自分だ。起こった出来事は変えようがないが、その意味付けを変えることはできる。どんな経験からもしたたかに学んでいこう。

✔ 本当に自由が必要なのか？

働き方に自由を求める人は多いと思う。「好きな時間に、好きな場所で、好きなことだけをする」と聞くと、いいなと思うことだろう。

自由ということは、良いことかもしれないのだが、それを手にするには、同時に、責任を取る覚悟も持たなくてはならない。「毎日8時間労働」から自由になって「好きな時に好きなだけ働く」を手にしたのであれば、「ちゃんと仕事の結果を出す」という責任も問われるだろう。

自由でいるには、自分を律する態度も必要かもしれないし、それ以上に「仕事が楽しい」という感覚がないと、とても成り立たないだろう。誤解してはいけないのは、**自由であるということは働かなくていいということではない。**自分で選び決めることができるということだ。

問題なのは、今いる現実から逃げたくて「自由」を望むことだ。例えば、「会社から自由になって世界を旅したい」と思いがちだが、それは一時的に現実逃避をしているだけで、働き方というところまで深く落ちていない。数ヶ月も旅をすれば飽きてきて、働きたいと思うのだ。

ここで話したいのは「働き方の自由をどうするか」ということだ。例えば、「ここまでは私の裁量権の中で自由にやらせてほしい」「結果で評価を判断してほしいので、いつ休み、どれだけの時間を会社にいるかなどは自由にさせてほしい」など、そんなことを考えてみてはどうだろう。

✓ 自分の基準は自分で創る

いろいろな話をしているが、何をもって「良い働き方だ」と決めるかという「基準」はしっかり持っておいた方がいい。それがないと、周りの声や常識みたいなものに流されてしまい、思考停止状態になってしまう。僕の思う最高の判断基準は「あなたが納得できるか」だ。これに尽きる。

サラリーマンでも、フリーランスでも、起業家でも経営者でも、それぞれに良さがあるから「どれが良いか？」なんて考えていても答えは出ない。そうではなく「自分に合っているか」「自分を活かせるか」という目線で考えてみるといい。

最高の働き方を見つけるには？

最後に、あなたの働き方を整えていく方法をシェアしていこう。

違和感を大切にする

Q：今、働き方に対してどんな不満がありますか？

漠然と「働き方を良くしたい」と思っているだけでは、何をどうすればいいかわかりにくいが、こうして問題を書き出すことで、思考が目に見えるようになるので、その作業もやりやすくなるだろう。不満が解消されるように、一つずつ取り組んでいけばいい。

また、特に問題はないけれど、良くもないという人もいるだろう。そんな人には、次の質問だ。

Q：もし何でも叶うとしたら、どんな働き方をしたいですか？

今の反動からくる現実逃避的な答えではなく、あなたが心地よく自分の価値を最大限に発揮できる働き方を考えてみよう。できるかどうかは後から考えればいいので、まずは、自分にとってのベストを想像してほしい。

働き方を整えていく中で大切なことは、**「自分の中の違和感を放置しないこと」**だ。違和感は変化するための一番はじめのきっかけだ。これを放置すると何も変わっていかない。仕事の中で「あれ？」と思うことがあるなら、自分でもしっかり考えた方がいいし、上司や会社にも意見を求めるなどして、きちんと解決した方がいい。

もしかすると、「細かいことをあれこれと聞くとイヤな顔をされるかもしれない」と心配する人もいるかもしれないが、あなたがその違和感を問題にすることで、その企業はより良いものになっていくのだ。遠慮せずに伝えた方がいい。

中には「残業ってどれくらいありますか？」と聞いただけで内定を取り消されたと

いう事例もあるが、その会社は所詮それくらいの会社なのだ。そんな会社にしがみついていても良い未来はない。早く正体がわかってよかったと割り切っていこう。

身の回りから変えていく

前のページの質問で、もし何かしらイヤだと思うことが見つかったのであれば、それに対して、何かしらのアプローチをしていこう。嵐はじっと待てば過ぎ去っていくが、あなたの問題は待っているだけでは解決しない。周りが変わってくれるのを願う人もいるかもしれないが、前にも話したようにそれはとても無理な話だ。他人をコントロールすることほど難しいことはない。今の自分にできることからはじめていこう。

Q：何を変えていきますか？

自分の考え方や物の見方、行動、選択、また、時間の使い方や会う人、仕事の内容、身を置く環境などを変えることで、何かしらの変化が起こるだろう。また、会社や上司に対してできることもある。コントロールをすることはできないが、意思や意見を伝えることはできる。その人が行動したくなるように影響を与えることもできる。あなたが率先して行動する姿を見せることで引っ張っていくこともできる。

また、立場的に会社には言えない……という人もいるだろう。それでも、「考えること」をやめてはいけない。自分の意見が聞いてもらえないと、つい「どうせ考えてもムダだ……」となり、だんだんと操り人形のようになってしまう。そうなると、どんどん自分が失われていき、いつか意見が言える立場になったとしても、その時には、何を言えばいいのかがわからないという状態になっているだろう。これは深刻な問題だ。そうならないように、意見が言えるかどうかは別にして、自分だったらどうするかを考えることはやめないでいてほしい。

他人の芝生は青く見える

友だちと話をしていて「いいな」と思うこともある。SNSなどを見ていて、羨《うらや》ましい気持ちになったりもする。その気持ちはとても大切なものだ。

Q：羨ましいなと思うことはどんなことですか？

羨ましいということは、あなたもそうなりたいと願っているということだ。しかもかなり強く思っているはずだ。素直に受け止めてみよう。

ここで注意してほしいことがある。もし今、あなたが他人の芝生が青く見えるのであれば、あなたは働き方を考え直した方がいい。逆に、青く見えないよという人は、今の働き方に納得できている人だろう。これはとっても大切な感覚だ。

悩みや問題が何もないところに身を置くことは難しい。人は「ないものねだり」をするものなのだ。小さな頃から憧れてなったホテルマンの仕事なのに、残業や休日出勤が多いからとやめてしまった友だちがいる。今は、完全定時で土日休みという仕事をしているが、毎日に張り合いがない……とグチっていた。他人を見て憧れるのではなく、自分の仕事の中にあるものに目を向けていかないと、本当にいつまでもグチや不満を言い続けるか、転職を繰り返すことになるだろう。

どんな仕事にも、良い面とそうでない面がある。

フリーランスで働いていると、「好きな時に好きな場所で好きなことをできていいよね。旅行だって好きな時に行けるし、イヤだなと思う人とは付き合わなきゃいいし」とよく言われる。確かにそうだろう。しかし同時に、明日の仕事があるかどうかわからないし、いつまでこの仕事で稼げるかもわからない、病気になれば収入はゼロ。営業から仕事から請求書から決算までをしないといけないし、欲しい仕事を取るためには我慢しないといけないこともある。


しかし、自分が納得できていれば、その働き方のデメリットだと思える面でも「仕方ないよね」と受け止めることができる。

僕の友人でサラリーマンをしている人がいる。昔は自分の会社を経営していたのだが、少し大きなことがやりたいと大手企業に就職した。ちゃんと納得して選んでいるので、「満員電車、大変じゃない？」と聞いてみると、「うん、大変だよ。でも、仕方ないよね。自分で選んだことだから」と言える。これが納得できていないと、言っても仕方ないことをいつまでもグチグチ言うことになる。

知ったつもりにならない

この章のはじめの方にも書いたのだが、他の働き方を知らないから、具体的にイメージできなくて、そちらを選べないということがある。起業なんてやってみれば、そんなに難しいことではないのに、知らないし、やったことがないからできないと思い込んでいるのだ。

ここが大切で、「できない」のではなくて「できないと思い込んでいるだけ」なのだ。起業をしてみたいと思うのであれば、小さく週末からはじめてみればいい。あれこれと想像していないで、さっさとはじめてみればいいのだ。

Q：まずできる小さな一歩は何ですか？

例えば、カフェをやりたいのであれば、いきなりお店を借りて……と大きな一歩を踏み出そうとするから勇気も資金も必要になり、結局進めないことになる。まずは、家に友だちを招くことからすればいい。美味しいコーヒーを淹《い》れ、ケーキでも焼いてもてなしてみればいいのだ。カフェでバイトをはじめてみるのもいいかもしれない。いきなり「10」を目指すのではなく、まずは「1」だ。そうすると、自然と「2」が見えてくる。転職するのも同じだ。まずはインターンみたいなものを体験するとか、その仕事をしている人やその会社の人と出会ってお茶をしてみるとか、まず小さくできることがあるだろう。そこからはじめよう。

自分の感覚を信じる

僕も経験したことがあるのだが、働き方に違和感を覚えると、違和感を覚えている僕の方がおかしいのかなと思ってしまう。

「会社や社会に合わせられない自分ってダメだ」となり、考え方を改めようとするのだけれど、これは本当に注意した方がいい。

僕も大学を中退した後、企業に就職した。この時はツラかった。まず、基本的に毎日同じことの繰り返しだ。少しずつの変化はあるけど、基本的にはそんなに変わらない。しかも毎日、同じ時間に起きないといけない。嫌いな先輩がいて理不尽なことを言ってきていじめみたいなことがあっても、我慢しないといけない。自分のやりたいことではなく、会社が求めることをしないといけないし、尊敬もできない先輩の言うことを聞かないといけない……。僕はがんばって適応しようとはしてみた。でも、ダメだった。会社からしても僕はダメ社員だったのだろう。当然、出世もしないし、給料も増えない。僕は、こんなことができないなんて、自分は社会人として本当にダメなんだと悩んでいた。

そんなある時、「これがこのまま、あと何十年も続くのか……」と想像すると、「もう無理だ！　やめよう！」となった。いろいろな人と話をしてみたところ、僕がダメなのではなく、ただ「合っていないだけ」なのだと気づいた。良し悪しの問題ではなく、ジグソーパズルのように合うか合わないかの問題だったのだ。**大切なことは、自分の性格や性分と合っているかということなのだ。**

もし、あなたも今うまくいっていないのであれば、**あなたがダメなのではなくて活かされる環境にいないだけかもしれない。**もちろん、前の章でも話したように、自分を変えていかないといけないこともある。しかし、ここで紹介したように変われないことや変わらない方がいいこともある。いろいろと経験してみて自分に合うものを残していけばいい。これは、頭で考えてもうまくはいかない。心で感じていることを大切にした方がいい。

自分のベストを創っていこう

この章では、働き方について一緒に考えてきた。とてもデリケートな問題だしいろいろな価値観があると思うので、僕の意見には賛成できないという人もいるだろう。それはそれで本当にいいと思う。ぜひ、自分の考えを大切にしてほしい。

ただ、僕にも見えていない部分があるように、あなたにも見えていない部分があるかもしれない。もし聞かせてもらえる機会があるなら僕はあなたの意見を聞いてみたい。それを得ることでまた大きく成長することができるからだ。あなたも、単純に拒絶するだけでなく、僕の意見を少しでもいいので検討してみてほしい。それが、本当の意味で成長をするということだ。

「ベストな働き方」は、今あるものの中から選ばなくても周りを調整しながら独自のものを創っていける。「こうしなくてはいけない」と決められていることはなく、どんなことでも変えていける可能性があるのだ。責任を持って、自由に発想し創造していけばいい。

5

いつでもどこでも生きていける自分になるには？

　ここでは「自分を育てていく」という話をしていこう。ここまででも話したように、自分の人生は自分で何とかするしかない。逆に言うと、自分で何とでもできる。会社に頼るのではなく、うまく利用しながら、いつでもどこでも生きていける自分を育てていこう。

　うまくいっている人をみて、羨ましく思うこともあるかもしれない。でも、どんな花も、はじめから咲いていた訳ではない。種を植えて、育ててきたからこそ、花が咲いているのだ。自分を育てはじめるのに遅すぎることはない。気づいた時からはじめていけばいい。「どうせ私なんて……」と悲観したり、現実離れした夢をふわふわと語るようなこともやめ、着実に進んでいこう。

Q：自分が成長していくのは、何のためですか？

　僕の思う答えは2つある。

　1つは、「幸せになる」ためだ。より詳しく言うと「受け取れる幸せを増やす」ためだ。あなたも、できるだけ多くの幸せが欲しいと願うだろうが、あなたは自分が準備できている量の幸せしか受け取ることができない。例えば、宝くじで大金が当たった人のほとんどが、数年以内に破産をして人生を狂わせていく。それは、その人には数億という大金を受け止める準備ができていないからだ。受け取る準備ができている人であれば、数億円が当たってもうまく運用していき、人生を狂わせるようなことはないだろう。この「自分の器」を大きくすることが、自分を育てていくことの意味の一つだ。

もし、「成長するなんて面倒くさい！　今のままでいいよ」と思うなら、これから得られる幸せの量も増えてはいかないだろう。ただ、生活環境は変わり続けるし、年を重ねるごとに期待されることも大きくなってくるだろうから、いつかは成長を迫られることになる。年を重ねても成長していないのであれば、企業にとっても、体力があって可能性が高い分、若い人を雇った方がいいということになる。どちらにしろ、生きていくには成長しなくてはならないのだ。どうせなら、積極的に取り組んだ方がいいのではないだろうか。

もう1つは「わがままを言う」ためだ。言い換えると「影響力を高める」ためでもある。残念ながら、今の僕ではやりたくてもできないことがある。平たく言うと、それは僕に力がないからだ。同じことを言ったとしても、今の僕では届かないことがあるのだ。

　例えば、ネズミがいくら吠えたとしても、猫には鳴いているようにしか聞こえないだろうし、猫がいくら吠えたとしてもライオンには鳴いているようにしか聞こえないだろう。やりたいことを叶えていくためには、自分の発言力や影響力も高めていかないといけない。いくら「店長」をやりたい！と思っていても、周りが店長にふさわしい人だと評価してくれない限りは店長はできない。自分がやりたいことがやりたいようにできるためにも、自分を育てていく必要がある。

あなたは条件を言える人なのか？

前の章までで、天職や働き方の話をしてきたが、理想はあってもそれを誰かに言ったところですんなり聞いてもらえる訳ではないだろう。少し乱暴な言い方だが、企業側からすれば、会社に多くの利益をもたらさない人であれば、その人の条件を飲んでまで雇う必要もない。しかし、多くの利益をもたらす人であれば、少々の条件を飲んででもいてほしいと願うだろう。自分の条件を言う前に、まずはそれを聞いてもらえる自分になることが先ではないだろうか。

Q：社会や会社から大切にされる人は、どんな人ですか？

例えば、子育てや介護、病気などで、仕事を離れたけれど、その後職場に復帰できない……ということもあるだろう。最近では、一流企業でバリバリと仕事をしていても、結婚して出産するために退職すると、バイト（パート）しか見つからないとも聞く。けれども一方で、一度社会から離れても、またちゃんと復帰できる人もいる。この違いは何だろう。

これは僕の個人的な感覚だが、もう一度社会に復帰できる人の多くは、周りから望まれて誘われるような形で復帰している気がする。要するに「あなたでなくては！」と必要とされているのだ。普段から、そういう必要とされる自分をしっかりと育てておくことが大切なのかもしれない。

僕の話だが、10年前に講師としてデビューした頃は、まだ自分の価値も、周りからの評価も育っていなかったので当然仕事が少なかった。たまに声がかかる仕事も交通費を出していたら赤字になるような条件だったが、それでも受けていた。やればやるほど貧乏になるのだが、たくさんの経験を積ませてもらうことで、自分の中に「これだ！」と思える価値が生まれ、徐々に周りからも高い評価をいただくようになった。それに併せて、こちらに提示される条件もどんどん良くなっていった。

もし、僕がはじめから条件を言っていたら、ここまでこられていないだろう。こちらの条件を言う前に、条件が言える自分を創っていったから、より良い働き方ができるようになったのだ。

これは、どんな働き方でも同じだろうから、条件を言う前に自分をしっかりと育てていこう。

結局、裸で生きていくしかない

自分自身を育てていった方がいい理由をもう少し深めたい。
もし、次の質問をされたら、あなたはどう答えるだろう？

Q：あなたは、何者ですか？

こう聞かれたら、自分の名前を答えるだろうか？　しかし、名前なんて他の人とあなたを識別するための記号でしかない。肩書を答える？　肩書も今いる組織の中での役割でしかないので、あなたを表してはいない。人種も、生まれも、育ちも、学歴も、あなたの一部ではあるけれど、「あなた」ではない。

人によっては肩書などの一部のラベルを見て、あなたを判断する人もいるかもしれない。しかし、それはある一面ではあるが、本質ではない。大きな会社の管理職をして時には力を持っていたのに、定年を迎えた途端に誰もよりつかなくなって、寂しく人生を終えていく人もいる。逆に、仕事でもプライベートでも、多くの人に愛されている人もいる。それは、その余計なものを全て取り払った「裸のあなた」を、周りの人は見ているということだ。

これからの時代、特に「裸の自分」が試されるようになる。それは言い換えると「人間力」みたいなものかもしれない。**人は理屈では動かない。人を動かすものは人間力なのだ。**今は、会社という大きな組織の中で安心していられるかもしれないが、いつその傘がなくなるかは本当にわからない。日本でも有数の企業が倒産する時代だ。世界の企業の時価総額トップ50に、１９８９年は32社も入っていた日本企業が、２０１８年にはたったの1社になっている。これを見ると、あなたの傘も明日にはなくなるかもしれないということがよくわかる。荒野に放り出された時に問われるのは「裸のあなた」なのだ。どんな環境でもちゃんと生きていけるように、周りから頼られ、支え合うことができる自分を育てていこう。

今の時代、もっとも確実な投資先とは？

今は本当に未来が見えない時代だ。日本の経済は数年前から下降の一途をたどっていて、将来に不安を感じてしまいがちだ。そんな時には多くの人が「投資」を考える。今の仕事がなくなっても生きていけるように保険をかけておこうと思うのだ。

でも、よく考えてみるとどんな投資案件でも、将来間違いなく安心していられるという保証はない。その中で**もっとも確実な投資先は「自分」**なのだ。これほど確実なものはない。

価値ある自分を育てていくことが、もっとも安定し、見返りの多い投資だと思う。

Q：自分にどんな投資をしますか？

僕は10年前に離婚をした。そのタイミングでそれまで経営をしていた会社もやめることになったので、多額の借金を背負うことになった。その時の僕は、家も、仕事も、お金もない。あるのは借金だけという状態。そんな何もない僕にたくさん仕事をくれた人もいたし、お客様を紹介してくれる人もいた。僕を大きく引き上げてくれた人もいた。今でも感謝の言葉しかないのだが、本当に多くの人が僕を支えてくれたのだ。こういう状態になった時に、裸の自分が試されるなと強く感じた出来事だった。

「自分に投資をしろ！」これは、僕が大学を中退して入った会社の社長さんに教えてもらったことだ。その人は、当時18歳の僕に「給料を何に使うかが大切だ。若い内は貯金なんてしなくていい。車などにお金を使うのもやめろ。車なんてボロボロの中古を買え。そのかわり、何かを経験することにはお金を惜しむな。とにかくやったことのないことは、より好みをせず何でもやってみろ」と教えてくれた。僕はそれを実践した。毎日のようにバーに行き、そこにいる人と話をしたり、誘われればどこへでも顔を出した。バイクで日本を旅したことも、世界中を放浪したこともある。起業、結婚、離婚、借金、病気など本当にいろいろな経験をしてきた。その中で、いろいろな人と出会い、たくさん遊び、たくさん語り合い、たくさん悩んできた。その時間が、間違いなく今の僕を創っている。もちろん皆さんのおかげであるのだけれど、僕が今こうして生きていられるのも、自分に投資してきたからだろう。あなたも、自分を育てることに時間とお金を使ってみてほしい。

社会を生き抜くのに必要な力って何？

「自分を育てろ！」と言われても、「自分の中の何を育てていけばいいのだろう？」と迷うかもしれない。

どんな物やスキルを持てば、これからの時代、社会で生きていくことができるのかを考えてみよう。あなたはどう思うだろう？

Q：今の社会で生きていくために、どんな力が必要ですか？

まずは、この本のテーマでもある「考える力」が圧倒的に必要だと思う。しかし、それはここまででたくさん語ってきたので、ここでは別のものを、あと３つほど紹介したい。

✓ 新しいものを想像する力

この社会を生き抜いていくためには「想像力」が必要だと思う。想像力があれば、これから起こる問題を想像して先手を打つことができるし、相手の気持ちを理解することもできる。しばらくは「変化」の時代が続いていくので、昨日と同じことではなく「より良いもの」を創造できる人間が求められる。創造は想像からはじまっていく。イメージできないものは形にはできないからだ。「こんな世界になったらいいな」「こんな商品があるといいよな」と想像していくのだ。

逆に、想像力がないと、自分の小さな枠と目の前にある現実の中でしか生きていくことができないので、会社の中でも「言われたことしかできない」という状態になってしまうだろう。

この想像力を磨くには、いつも妄想をする訓練をするといい。僕はいつも妄想している。電車の中では「この広告は僕だったらどう作るだろうか?」「どうすれば、より多くの人が快適に過ごせるだろうか?」「この人はどんな人なのか?」と、いろいろなことを妄想している。これは想像力の訓練にもなるし、考える力を養うことにもなるので、ぜひおすすめだ。

また、想像をするには「知っていること」が少ないと想像はできない。当たり前だが、知らないことは想像できないからだ。そのためには、とにかくいろいろなジャンルの情報を仕入れることをするといい。ネットニュースみたいなものもいいし、いろいろな人と飲みに行ったりするのもいいだろう。

✔ 物事をなんとかしていく力

２つ目は「なんとかする力」だ。これは、言い換えると「問題解決力」とも言える。仕事では予期せぬトラブルが起こることもある。そんな時には、限られた時間と予算などで、なんとか落とし前をつけないといけない。そこには、もちろん想像力も必要だし、情報を集める力、創意工夫する力、物事を柔軟に捉える力、斬新な発想をする力など、いろいろな力が複合的に必要になる。そして、「これでいく！」と決断をすることも、責任を取る強さも必要だ。この「なんとかする力」が高い人は、どの会社に行っても重宝されると思う。就活生が面接で「僕の長所は……」と語ることがあるだろう。そんな時には、「なんとかする力が高いです」と言うといい。わかっている人は間違いなくピンとくるはずだ。

この力を磨くには、旅に出るといい。旅行ではなく旅だ。僕の中の違いでしかないのだが、旅行は、パックツアーやガイドブックを持っていくような観光をするもの。旅とは、自分で切り開いていくものだ。知らない町の空港に降り立ち、タクシーやバスなどを駆使して町まで出る。そして、今日の宿を探して、美味しいご飯にありついていく……。これらをガイドブックに頼らずに、現地の人との関係の中で行っていくのだ。先程あげた、想像力、情報収集力、創意工夫力、発想力など、全部が鍛えられていく。時間に余裕がある人はもちろん、そうでない人も、こんな旅をしてみてほしい。乗り越えていく楽しさを強く味わうこともできる。

✓ 人とつながり生み出していく力

最後は「つながる力」だ。どれだけ自分を育てたとしても、結局は一人では何もできない。多くの人との関わり合いの中で物事は進んでいく。極端な言い方をすれば、

自分が優秀でなくても、優秀な人とつながることができるなら、その人と力を合わせていけばいい。「三人寄れば文殊の知恵」ではないが、他人の知恵を借りることができれば、物事は広く、早く、確実に進んでいく。

でも、人は条件や正論では動かない。特に仕事の中では「あの人に協力しないといけないのだけれど、何だかやる気にならない」ということもあるし、逆に「大変だとわかっているのに、なぜだか応援したくなる人」もいる。それが「つながる力」だと思う。誤解してはいけないのは「どれだけ多くの名刺を持っているか」という話ではなくて「『あなたとなら……』や『あなたのためなら……』という人がどれだけいるか」という話だ。

この力を磨くには、いつも心を開いておくといい。わかりやすく言うと「感じの良い状態」の自分でいるのだ。その人の心の状態は顔に表れる。いつも眉間にシワを寄せている人は何となく話しかけづらい。話しかけると申し訳ないかなという気持ちになってしまう。逆に、いつも笑顔でいる人とは、気軽に関係が生まれていく。

僕は、すぐに人と仲良くなれる。先日旅した時も、駅からホテルに行くまでに乗ったタクシーの運転手さんと仲良くなり、仕事終わりに2人で飲みに行った。その出会いからタクシー会社の社長さんを紹介してもらい、研修の仕事をいただいた。僕の仕事の多くはこんな感じでつながっていっている。

昔は、「こんなことができる」というパンフレットなどから仕事がはじまることが多かったけれど、最近では、まず仲良くなって「一緒に何かをしたいんだけど、何をしようか？」と仕事がはじまることが多い。そちらの方が深くつながれていて、結果として楽しくて売上にもなるようだ。「この人は……」と思われる自分も、そして人とつながれる力も磨いていこう。

目標を持つからうまくいかない？

自分を変化させていくには２つの方法がある。「目標を持つ」と「今を積み重ねる」だ。その違いを見ていこう。

「目標を持つ」は、目指すところを決めて、そことの差を埋めていく方法だ。例えば、身近に尊敬する人がいるのであれば、「あの人みたいになりたい！」と自分を育てていったり、「何歳までにはこれくらいの年収になる」などもいいだろう。

この方法は、とてもわかりやすくていい。

漠然と「良い人やすごい人になりたい」では、何をどうすればいいかもわからないけれど、「あの人みたいになりたい」だととてもわかりやすい。年収１０００万円を目指せば、そうなるためのヒントがたくさん見えてもくるだろう。

しかし、問題もある。それは、「目標が明確であればあるほど、それしか見えなくなる」ことだ。

憧れる人がはっきりすればするほど、他の人のようになるという可能性はなくなっていく。また、年収1000万円を目指すと、1億になるためのヒントは見えなくなるだろう。要するに、道がハッキリしている分だけ、その道中で他の道が見えなくなるという問題がある。その道の方がいいかもしれないのに。

なので、目標を持つ時には、時々立ち止まってみることが大切だ。今進んでいる道が本当にベストなのか時々は見直してみよう。

2つ目の方法として「目の前のことを積み重ねていく」こともできる。今、目の前にあることに全力で取り組んでいき、毎日を積み重ねていく感じだ。この方法は着実に進んでいくことができるという良い面があるのだが、こちらにも問題があって、それは「道に迷いやすい」ことだ。目の前だけを見て歩いていると、気がついた時には、思いもしないところにたどり着いていたということにもなりかねない。だからこそ「大まかな方向性」と「何を大切にするか」ということを意識することが大切になってくる。そうした上で、今を積み重ねていけば、いつか振り返ってみた時に、自分の後ろに道ができていることに気づくだろう。

僕自身はこちらのタイプだ。「一人でも多くの人が自分らしく生きる」というテーマと、「自分に心地よいことを選択する」という大切なことを持って、今、この一瞬に集中することにしている。目標を持つことと違って、自分らしさを見失うことも少ないし、その時々に柔軟に対応できるので、僕は好きだ。

「目標を持つ」と「今を積み重ねる」。２つの方法を紹介したのだが、どちらでもいいので、あなたがしっくりくる方を選択してみてほしい。もちろん、両方のミックスでもいいし、時期によって使い分けてもいい。

はっきりと目標が見えている時には、そこから逆算して、今、すべきことに取り組んでいくといいし、まだぼんやりとしている時には、今、目の前のことに集中してみるのもいい。また、人生という大きな単位で考えるなら、「大きな目的」と「大切にしたい価値観」だけを持って、「短期的な目標」を積み重ねていくのもいいかもしれない。

幸せは「なる」ものではない

この章、最後の話題だ。最後は「幸せ」について考えてみたい。働くということを考える時に、どうしても「幸せ」とは切り離せない。とてもシンプルな話だが、あなたは幸せになるために働くのだ。これは、どんな人でも間違いのない答えだろう。

Q：どうなることが、「幸せ」ということですか？

よく「幸せになりたい」という言葉を聞く。この言葉は間違っている。幸せは「なる」ものではないのだ。

僕の友だちにわかりやすい2人がいるから紹介したい。

1人は、とても大きな会社を経営している友だちだ。大きな会社のオーナーなので、普段は仕事をせず、いつも遊んでいる。家は高級住宅街にあり、奥さんは元モデル。お子さんもとても良い子たち。本当に絵に描いたような「成功者」だ。

僕は定期的に彼の相談にのっているのだが、いつも彼の話の多くは「グチ」だ。奥さんのこと、部下のこと、子ども、地域、友だち……。いつも誰かのグチを言っている。本人にも話したのだが、彼は一生幸せにはなれないだろう。なぜなら、彼はいつも「足りない」ところを見ているからだ。

これでは、これから先、どれだけ良いものをどれだけたくさん持ったとしても、彼はいつまでも「足りない」と不満を言い続けることになる。

一方で、別の友だちもいる。彼はインターネットがあればできる仕事なので、マレーシアに滞在していた時がある。ある時、僕もマレーシアに行くことがあり、一緒にご飯を食べた。彼に「最近はどんな感じ？」と話を振ると、彼は、「毎日すごく楽しい！　今、安宿に泊まっていて、世界中の旅人がくるんだよね。毎日のようにケンカとかしていておもしろいよ！」と話していた。それから1年後、帰国した彼に会って「日本に帰ってきてどう？」と話を振ってみると「毎日、平穏で幸せです！　日本っていいですよね！」と話していた。

彼は、マレーシアにいる時はマレーシアの良さを、日本にいる時には日本の良さを堪能しているのだ。確かに彼は多くのものは持っていない。質も量も本当に僅かだろう。でも、彼は今もこれからもずっと幸せだ。なぜなら「ある」を見ているからだ。

「ない」を見ていれば、いつまでも幸せは感じられないし、「ある」を見るなら、今すぐ幸せを感じられる。幸せとは「感じる」ものだし、持っているものの質とか量だけではなく、そもそも「どちらを見ているか」という話なのだ。

仕事をしていく上でも同じだ。「足りないところに目を向けて、それを補うために行動をする」という発想もできるが、「持っているものをより伸ばしていく」という発想の方が自然だ。足りないものを見ればキリがない。不満を言う前に、どちらを見るかという意識を持っておこう。

これは「現状で満足しましょう」という話ではない。より豊かだなと思えるものを目指していくことはとても大切だ。しかしその前に、「ある」を見るクセをつけないと、いつまでも満たされないよという話だ。

✔ まずは、一歩踏み出そう

この章では、あなたが自分を育てていくことの意味と、その時に大切にしたい考え方をシェアしてきた。自分が育っていくと、とてもわかりやすく変化が起きてくる。周りの関わり方も仕事内容も変わってくるだろうし、何よりも自分自身の気持ちが整ってくるだろう。焦る必要はない。目指すところが遠いなと感じているかもしれないが、どこを目指すにせよ、目の前の一歩を積み重ねていくしかないのだから、今できることから楽しく取り組んでみよう。次の章では、自分を育てるために今すぐできることを紹介していく。

6

20代の今、やっておきたい10のコト

最後の章では、あなたが自分を育てていくために具体的にできることを紹介していく。ずばり「自分を育てるために、20代の今、やっておきたい10のこと」だ。

まずは、あなたの答えも考えてみよう。

Q：20代の今、やっておきたいことは何ですか？

遊びの面でも仕事の面でも、20代という年と立場だからこそ、やっておいた方がいいこともあるし、その年でないとできないこともたくさんある。時間は戻ってこない。ぜひ、大切に生きてほしい。ここからは僕の思う「自分を育てるために、20代の今、やっておきたいこと」を紹介していく。一つでも参考になるものがあると嬉しい。

1：年上の友だちと遊ぶ

僕は年上の友だちが多い。学生だった頃から、いつも年上の人と遊んでもらっていて、お酒の飲み方や大人の遊び方、社会での立ち振る舞い方、人付き合いの方法など、人生の楽しみ方をいろいろと教えてもらった。

上の世代の人は僕の知らない世界（時代）を生きてこられているので、話を聞くのが単純に楽しい。同じ感覚を海外の旅先で現地の人と話していても感じるのだが、こんな身近で、違う世界の話を聞けるのだから、本当にありがたい。そして何よりも「生きた先人の知恵」が得られることが本当に嬉しい。

Q：年上の友だちとどんな話を楽しみたいですか？

「愚者は経験に学び、賢者は歴史に学ぶ」という言葉がある。経験から学ぶこともももちろん大切だ。まずは知ること、そして自分で経験することだろう。しかし、一人でできる経験は限られているし、経験できないこともある。

僕は今40代なのだが、最近は70代くらいの父親世代の人とよくご飯に行かせてもらっている。その時には、「もし今、40代に戻れるとしたら何をしますか？」とか「40代の頃の自分に、どんなことを言いたいですか？」と質問をしている。

実際に40代を過ごしてみないと気づけないことはたくさんある。時間は戻せないから、経験してから大切なことを知ったのでは遅いのだ。だから、実際に40代を過ごしてきた人に話を聞いて、その経験を活かすことができれば、僕は同じ失敗をしなくてもいいし、良い面は真似をすることもできる。

しかし、話を聞かせてもらっても、ピンとこないこともある。それは、今の僕ではその大切さが理解できていないからだ。それはそうだろう。もし理解できているのであれば、わざわざ話を聞く必要もない。今の僕では理解できないことが知りたいから、先人の話を聞くのだ。

僕は「こういうことを大切にした方がいい」と教わったら、それが良いか悪いかをジャッジすることなく、「まずはやってみる」ことを大切にしている。きっと何年後かに、あの時あれをやってよかったと思うことだろう。もし思えないとしても、人生で試してみて損をすることは何もない。「何でも糧にしていく」という意識さえあれば、人生にムダなものなんて何もないのだ。まずは、試しに「ちょっとやってみる」ことが大切だ。

ぜひとも、年上の友だちを作って、話を聞いてみてほしい。「私とは違うな」という意識ではなく、「何か得るものはないかな」や「何か与えることはできないだろうか」と、つながりを作る意識を持ってみよう。僕も、人生の時々に引き上げてくださる先輩がいて、ここまでやってこられた。「年上にかわいがられる」ということも、本当に大切な能力の一つだと思う。こちらからでは開かない扉を、先輩が向こうから開けてくださることも人生ではたくさんある。

2：自分の気持ちを尊重する

僕たちは、毎日多くの選択をしていて「何を選択するか」は人生に大きな影響を及ぼしている。単純に、人生がうまくいっている人とそうでない人の違いは「選択」の違いだ。

Q：物事を選ぶ時に、何を大切にしていますか？

選択には、大きく分けると「恐れの選択」と「愛の選択」という2つがある。
「恐れの選択」とは、「社会人なんだから……」とか、「仕事に行かなくては……」などのように、「○○すべきである」とか「○○しなくてはいけない」というようなものだ。一方で「愛の選択」とは、「こんな仕事がしたい！」とか「今日も仕事に行きたい！」というような「○○したい」というものだ。言い方を変えると、恐れの選択は、周りの目や周りの評価、常識みたいなものを気にしている状態。愛の選択は、自分の気持ちや考えを大切にできている状態とも言える。

同じ「仕事をする」ということでも、恐れからくる選択だと「仕事をしなくてはいけない」となり、愛の選択だと「仕事をしたい」になる。どちらが、あなたにとって良いのかは明白だろう。できるだけ多くの「愛の選択」で毎日を埋め尽くすことが、自分の人生を生きていくことになるだろう。

しかし、愛の選択をしようとして、「何をしたいですか?」「何を大切にしたいですか?」と自問してみても答えられないことがある。自分の気持ちをないがしろにしすぎていて、何が自分にとっての「愛の選択」かがわからないのだ。しかも、「これが愛の選択になっている?」と他人に確認をしたくもなる。占いみたいなものが流行るのも、誰かに確認し後押しをしてもらいたいからだ。あなたの人生なのに、他人に意見を求め、他人に決めてもらっていたのでは、それは自分の人生と言えるだろうか。責任のない誰かのいい加減な価値観に踊らされていないだろうか。確かに、いちいち自分で考えるのは大変だし、面倒だろう。それもよくわかるが、ぜひとも自分の気持ちを素直に感じて、自分の人生を生きてほしい。

まずできることとしては、たくさんの質問に答えることだ。この本にもたくさんの質問があるし、僕の方でもっと多くの質問を用意している。ぜひ、ホームページにアクセスしてみてほしい（http://shinsei-kawada.com)。


少し余談なのだが、愛の選択をするということは「わがままでいる」ということでもある。「わがまま」とは、「我が」「まま」ということなので、「自分らしく心地よく」ということだ。わがままでいることには何の問題もない。

わがままでいることと、自己中心的でいることは大きく違う。自己中心的とは、「私さえよければいい」という状態だ。一人で生きている訳ではないので、これでは周りとはうまくいかないだろう。「私も自分を大切にするから、あなたも自分を大切にしてほしい」という状態がいいと思う。例えば、みんなが静かに過ごしているカフェがあるとしよう。そこに入ってきて、いきなり大きな声でしゃべりはじめることは自己中心的だろう。わがままではない。自分のわがままを通したいのであれば、賑《にぎ》やかなカフェに行けばいい。

３：やめる決断をする

何かをはじめるのはとても簡単だ。ちょっと油断するとスケジュールは真っ黒になるし、部屋は荷物でいっぱいになる。けれど、やめたり捨てたりすることは意外と難しい。「関係が悪くなるかな……」「いつか役に立つかも……」と決断できないままズルズルと事態は悪化していく。

Q：捨てたいもの、やめたいことは何ですか？

イヤなことがある時、「いつか、良くなるかも……」と待っていても、事態が良くなることはないだろう。そうわかっていても、やめることは難しい。多くの人が、ツライ現状を我慢する方が新しい世界に飛び込むよりも安心なのだろう。「茹《ゆ》でガエル」の例がある。カエルをお湯の中に入れると熱くてすぐに飛び出るが、カエルを水の中に入れて下から熱していくと、徐々に熱くなっていくので、カエルは飛び出ることとなく茹で死んでしまう。もし、今の環境がイヤだと思っていて、ズルズルしているのであれば「今のこの環境に新しく入るとしたら、どうするだろう？」と考えてみるといい。「こんな環境には入らないよ」と思うのなら、早く逃げ出した方がいいだろう。茹で死んでしまう。

僕たちは「逃げてはいけない」と思いがちだ。「根性や忍耐力が足りない……」と責めてくる人もいるだろうし、「これくらい我慢できないなんて私はダメなのかも……」と自分を責める人もいるだろう。しかし、**イヤなものはイヤでいいし、イヤなのだから、さっさと逃げた方がいい**。残ることにはそんなに勇気はいらないが、逃げることには勇気がいる。逃げるということはとても立派な行為だし、自分を大切にしている素敵な人だと思う。

もしかすると、次の仕事が見えないからやめられないという人もいるかもしれない。そんな時は想像してみてほしい。あなたはたくさんの荷物を持っているとしよう。もうこれ以上何も持てない状態だ。そんな時に、とても素敵な宝物を見つけた。

でも持つことはできない。さて、あなたはどうする？

きっと、いらないものを捨ててその宝物を手にするのではないだろうか。まず捨てないと新しいものを持つことができない。次の仕事が決まってからやめることももちろんいいだろう。その方が安心だ。でも、たとえ次の仕事が見えていなくても、手放せばその空いたスペースには何かが入ってくる。いつか……とズルズル茹でられているよりは、次の安心が見えていなくても飛び出してみることも大切だ。飛び出してみるからこそ、見える「次」もある。

心配しなくても、今の道を外れたとしてもそこに新しい道ができるだけだ。そして、その選択が良かったかどうかを決めるのはあなた自身だし、良い選択だったと思えるように生きていくこともできる。

「自信がない」という言い訳

「自信がないから行動できない」という人がいる。「やったことがないから不安だ」という人もいる。

とても不思議に思うのだが、「やったことがないことはやらない」という人は、赤ちゃんの状態からどうやって成長してきたのだろうか？　はじめてご飯を食べた時も、はじめて歩いた時も、はじめて話した時も、学校に行きはじめた時も、これまでに、たくさんの「やったことがない」を乗り越えてきて、ここまで生きてきたのではないか？　その「はじめて」の度に「自信があるかどうか」を気にしたのだろうか？**「自信がない」なんて、自分を守るための言い訳でしかない。**新しい世界に飛び込む準備ができていないだけだ。本当に行動したい気持ちが高まっていたら、自信があるかどうかなんて気にもしないはずだ。

友だちに、いつも「自信がない」と言って何も行動をしない人がいる。その彼女に、「僕がお金を出すから、アフリカを一人旅する自信はある？」と聞いてみたら「いや、自信ない」と答えた。そこで「じゃあ、もしあなたが大好きな芸能人と一緒にアフリカを旅できるとしたらどうする？」と聞いたら「絶対行く！」とのこと。「自信がないのでは？」とからかってみたら、「そんなことは言っていられない。何としても行きたい」と笑っていた。

自信なんてこんなものだ。**自分の中にあるワクワクが育っていないから、自信がな**

い……と行動しなくてもいいための言い訳をしはじめるだけの話だ。

また、「小さな一歩を踏み出すこと」もいい。大きな一歩を踏み出すには自信も勇気もいるかもしれないが、小さな一歩であれば大丈夫だろう。いきなり「10」ではなく、「1」を10回重ねていけばいい。自信があるからやるのではなく、動きはじめるから自信が育っていくのだ。

4：自分を決めつけない

あなたは、周りからどういう人だと思われているかを知っているだろうか？

Q：あなたはどんな人だと思われていますか？

あなたが、「ただ生きていく」上では、「自分がどう思われているのか」とか、「どんな価値があるのか」など、他人の評価を知る必要はない。それは周りからの評価でしかないから、そんなものを気にしなくても生きていけるし、むしろ気にしない方が豊かに生きていける。自分がどうしたいかという愛の選択だけをしている方が幸せだろう。

しかし、「仕事」という観点では話が変わってくる。仕事は仲間やお客様など「他人」がいるので、その人たちからの「評価」も大切になる。例えば、「あなたはムードメーカーだね」という他人の評価を知っていれば、それを自分の価値として育てていくことができる。

僕は、自分がアイデアマンであることも、親しみやすい性格であることも知らなかった。それらは、他人の比較なので、自分では絶対にわからなかった。人がたくさんいる中に混ざって、周りからの評価を得てこそ、「あなたって○○だね」という自分の一面を知ることができる。

自分のことは、自分ではわからないものなのだ。自分がどんな人なのかを客観的に知るために、SNSなどを使って「私を表すキーワードを3つ教えてほしい」と周りに投げかけてみよう。周りからの評価を知ることができる。

もしかすると、他人の評価と、自分の評価が食い違う時があるかもしれない。

周りは「明るい人だ」と言っているのに、自分ではそうは思わないということもあるだろう。しかし、それはあなたが知らないだけで、間違いなくあなたの一面でもある。僕はずっとコミュニケーションが下手だと思っていた。でも、周りの人に聞いてみると、どうやら、上手な方らしい。きっと僕は、もっとコミュニケーション上手な人の中で育ってきたから、そこと比較してコミュニケーションは苦手だと思い込んでいたのだろう。ただ、それだけのことだ。

こういう他人からの評価は、第3章で話した「個性や得意なこと」にもなっていく。周りからの評価を「そんなことはないよ」と拒絶するのではなく「そんな一面もあるんだな」と素直に受け入れてみよう。

5：情報に振り回されない

ネットが普及して、本当に多くの情報が溢れている。個人ブログなど誰でも情報を発信できる時代なので、世の中に溢れている情報は玉石混交《ぎょくせきこんこう》だ。間違った情報にコントロールされていることも多いので、自分が得る情報には本当に気をつけた方がいい。そんな情報過多な時代に、どう情報と関わるといいかを考えてみよう。

Q：必要な情報をどうやって見極めますか？

まずは、基本的に「疑う」ことをした方がいい。世の中はウソばかりだ。本当に間違っている事実を述べていることもあるし、わざと勘違いするような表現がされていることもある。また、あなたにとって正解ではない情報もある。

そこで、正しい情報を見抜いていく方法をお伝えしたいのだが、まずは、情報には

「事実」と「主観」があることを知り、これらを分けて考えることが大切だ。事実とは、「100人が聞いたら、全員がそうだと賛成するもの」だ。主観とは、「1人でもそうではないと言う可能性があるもの」を言う。

例えば、「今日の東京は暖かい」は主観だ。寒いと思う人もいるかもしれない。「東京駅前の温度計は、今、23・5℃を指している」は、誰が見てもそうなので事実だ。「仕事は楽しい方がいい」「お金はたくさんあるといい」「仕事をする上で大切な心構え」なども全部主観だ。その人がそう思っているだけで事実ではない。ちなみにこの本も完全に主観だ。主観だから悪いと言っているのではない。情報としての質の違いを話しているのだ。

事実との向き合い方

目の前にある情報が「事実」であるのであれば、その信憑性《しんぴょうせい》を疑おう。それは間違った情報ではないか。創作されたり、捏造されたものではないか。いつ、どこで、どうつくられた情報なのか。そんなことをちゃんと吟味《ぎんみ》しよう。新聞だって間違った事実を掲載している時もあるだろう。

また、情報の中には、わざと勘違いするような表現がされていることもある。例えば、「この本を読んで、売上が10倍になった！」と書かれた広告があるとする。それは数字ではかれるものだから事実だろう。しかし、月に1000万円が1億になるのも10倍だし、1000円が1万円になるのも10倍だ。1000万円を1億にするのはとても難しいだろうが、1000円を1万円にするのは簡単だ。「今、売れています！」なども同じだ。日本全国で売れているのか、その地域やそのお店で売れているのか、はたまた、売れていない別の商品と比べて売れているだけかもしれない。そういうイメージ操作がされていないか、きちんと疑おう。

思い込んでいるだけの情報もある

今度は「主観」の話だ。目の前の情報が「主観」であれば、もっと注意した方がいい。主観とは「私はこう思う」という1つの意見でしかないのだから、どんな時にも「本当にそうだろうか？」と疑って、「私だったらこう考える」「私ならこうする」ということを考えよう。主観に「正解」はない。主観は、あなたにとっての答えではなく、物事を考えるためのヒントやきっかけとして使っていくといい。

また、主観をたくさん知ることには良い面もある。主観は「立場」によって変わってくるから、主観を知ることで、より多角的に物事を見られるようになる。

ある村に目の不自由な男が3人いた。3人は、「今触っているものが何か」という話をしている。1人は、「これはゴツゴツしているから、岩だ!」と主張している。もう1人は、「これは薄くて大きいから、扇だ!」と答えた。最後の1人は、「ザラザラしているし棒のようだから、木の枝だ」と話している。この3人が、お互いに自分が正しいという主張を繰り返していたら、正解にはたどり着けない。お互いがお互いの言い分を受け止めていくことができれば、多角的に物事を見ることができ、触っているものは「ゾウ」だという答えにたどり着ける(実際3人は別のものを触っており、岩と思ったものは足、扇と思ったものは耳、枝と思ったものは鼻だった)。

このように、いろいろな主観を知ることで、より深く物事を理解することができる。

この時に「どれが正しいか」という話をしてはいけない。先の3人が「どれが正しいか」という話し合いをしても、絶対に終わらない。なぜなら、どれも正しいからだ。

「ヒーローと悪」というのも、同じく一方的なものの見方だ。桃太郎は村人にとってはヒーローだろうが、鬼の家族にとっては悪になる。鬼の子どもは復讐を考えるだろう。主観の話をする時には、「どちらが正しいか」という話をするのではなく、お互いがお互いの意見を受け止め合うことが大切になる。そうすると、お互いに多角的に物事を捉えることができるようになり、全体を知ることができる。

自分が食べたもので自分の体ができているように、自分に入ってくる情報であなたの考えもできあがっていく。いつもいつも入ってくる情報を疑い、吟味できればいいのだが、無意識に入り込んでくるものもあるので、どんな情報を入れていくかはちゃんと選別をした方がいい。入ってくるもの自体も選別した方がいい。また、入ってきた情報を見極めるためには、自分の中に「選択基準を持つ」ことも大切になる。それは、次に紹介していく。

6：世界を広げる

とにかくいろいろな経験をした方がいい。持っている経験が増えてくると、情報の良し悪しも判断できるようになっていく。また、経験がないと持っている情報を活かすこともできない。

知識と知恵は違う。知識とは「食材」のことで、知恵とは「料理を作る」ことだ。どんなに良い食材をたくさん揃えていても、料理できないのであればうまく活用できないだろう。ただ腐っていくだけだ。逆に食材が少なくても上手に料理できる人もいる。まずは知恵、そして知識を得ていくといいだろう。

そして、知恵は経験の中で育っていく。まずは行動してみることだろう。行動してみれば何が足りないかがわかるから、それを知識として学べばいい。ここを勘違いしてはいけない。たくさんの知識があるから行動できるのではなく、行動するからこそ足りない知識がわかり、学んでいけるのだ。これを逆に捉えている人が多い。だから、学ぶことばかりに夢中になって現実が変わっていかないのだ。

Q：どんな経験をしてみたいですか？

僕は、「やったことがないこと」をやるようにしている。そして、その時には「できるだけ美しいものと、できるだけ醜いもの」を体験したいと思っている。その幅の広さが人間力を磨いていくのだ。キレイなものだけを味わう方がラクだし、楽しいだろう。しかし、それでは薄っぺらい。醜いものを知ることで、人としての厚みが生まれるし、一見すると醜いものの中に、本当は美しいものが隠れていたりする。それを見つけていく力もまた大切なものだろう。

やったことがないことであれば、良し悪しの判断をせずに何でも経験してみるといいのだ。つい、心地よいアドバイスは素直に聞きたくなる。しかしそれは、もうすでにあなたの中にある価値観が共感しているだけのことなので、経験は増えていかないし、何の学びにもならない。逆に、耳が痛い反対意見や、イヤだなとか、つまらないなと感じることにこそ意味がある。そうやって拒絶してきた部分にこそ、成長の余地があるのだ。あなたがダメだと思っているだけで、もしかすると、それをダメだと思っていることがダメなのかもしれない。「良薬は口に苦し」とも言う。良し悪しを言わず、まずは受け止めてみよう。

「受け止める」と「受け入れる」は大きく違う。「受け止める」とは、自分とは違う意見でも「いいね、そういう意見もあるんだ」と聞くことで、「受け入れる」とは、「僕もそう思う」ということだ。僕は猫が好きだとして、相手が「犬ってかわいいよね」と言ってきた時、「全然かわいくないよ！猫の方がかわいい」というのが拒絶。「受け止める」とは、「僕は猫が好きだけど、それと同じようにあなたは犬が好きなんだね」と聞くことだ。そうなると、「犬って、どんなところがかわいいの？」と話が広がり、あなたも犬のかわいさに気づくかもしれない。こうして世界は広がっていく。そして「僕も犬が好きになった！」が「受け入れる」だ。はじめから受け入れる必要はない、まずは受け止めることをしていこう。

7：当たり前を変えていく

あなたは、あなたが使う「言葉」と、あなたがいる「場」に大きな影響を受けている。しかも無意識に。あなたは、あなたの周りの平均値になっていくのだ。

Q：どんな言葉を使いたいですか？

例えば、何かをする時に、すぐ「難しい」という言葉を使う人がいる。その人は、自分でわざわざ難しいと思い込もうとしているのだ。逆に「簡単なことだ！」と思うと物事はあっさり進んだりする。僕の母は機械類が苦手だ。携帯電話もいつも「難しい」と言っている。逆に妹の子どもは６歳で使いこなしている。母と６歳の子を比べても能力は変わらないだろう。「難しいもの」と思っているか「楽しいもの」と思っているかの違いがよく表れている事例だ。

昔の僕は「人見知りなんで……」と言っていた。こんなふうに「自分は○○だ」と決めつけることはやめた方がいい。その言葉の分だけ、自分を小さな檻《おり》の中に閉じ込めているようなものだ。どんどん人見知りの自分を創っていくだけだ。

例えば「優しい人になりたい」と言っている人がいるかもしれないが、その人が優しい人になれることはないだろう。いつまでも「優しくなりたい人」で居続けるだけだ。本当に優しくなりたいのであれば、そんなことを願わずに今すぐに優しいことをすればいい。それでもう優しい人だ。

あなたは、どんな言葉を使っていきたいだろう。

そして、「朱に交われば赤くなる」という言葉があるように、あなたはあなたが多くの時間を一緒に過ごしている人たちの「当たり前」からも大きな影響を受けている。いつもグチグチ言っている人の中に身を置けばそれが当たり前になっていくし、いつも前向きで建設的な人の中に身を置けば自然とそうなっていく。もし何かを変えていきたいのであれば、一緒にいる人たちを少し変えてみるだけであなたの当たり前も変わっていく。

僕は意図的に、いろいろなグループに身を置くことにしている。ある時には、「売上が大切だよね！」という経営者たちと話を盛り上げる時もあれば、「自分の心のあり方が大切だ」「愛に溢れた世の中に！」なんて話をする精神的な人たちと一緒にいることもある。とても両極端だったりするのだが、そのどれもが僕だし、どれもに心地よく身を置いている。両極端の幅を知ることで、より多角的に物事を見ることができて、人間的な深みが増すのではないかなと思うのだ。あなたも、少し違う場にも身を置いてみてはどうだろう。

8：もっと、したたかでいる

この本でも、何度も「あなたの人生なのだから」という話を繰り返ししてきた。これは言い換えると「当事者意識」を持っているか？ということになる。あなたは自分の人生の主人公をちゃんと生きているのか？ということだ。

Q：どんな人生にしていきたいですか？

例えば、友だちと10人くらいで旅行に行くことになったとしよう。積極的にホテルや飛行機を調べる人もいれば、何もしない人もいるだろう。もちろん、全てを他人任せにしても旅行には行ける。しかし、それで本当に楽しめるだろうか。ホテルもレストランも観光地も、あなたが望むものではないかもしれない。そんな時に、仕方ないよなと我慢することもできるし、もっと楽しみたいと積極的に関わることもできる。

人生も仕事もまったく同じだ。会社の中で、積極的には何もせず、最低限の義務だけを果たし、与えられた権利を主張することもできるだろう。自分は何もせず、文句だけを言うこともできる。しかし、逆に積極的に関わって、せっかくの「働く」という時間を自分にとってより良いものにしていくこともできる。傍観者でいるか、当事者でいるか。この意識の差は、本当に大きい。

主語を「自分」にしよう

僕は、話をする時も、物事を考える時も、主語を「自分」にしている。「あの人が……」「会社が……」「お客様が……」ではなく、どんな時も「僕が……」と話すことを心がけているのだ。主語を「他人」にすると、「(他人に)こういう良くないところがある」と批評したり、グチや不満を言いがちだ。それで終わるのではなく「こういう良くないところがあると思うから、僕はこうしていく」と自分が当事者でいることが大切だ。そして、人生の当事者であればもっとしたたかに、もっと遠くを見て自分を動かすこともできるだろう。

最近では、会社の飲み会に参加しない人や残業をしない人が多いと聞く。確かに、飲み会は労働時間外の話だし、残業だって規定外の話だろう。両方とも義務として言えば「やらなくてもいいこと」かもしれない。しかし、もっとしたたかに物事を利用した方がいい。会社に使われているのではなく、自分がより幸せになるために、会社を使っているくらいの感覚でいいと思う。

そう考えれば、飲み会だって価値ある時間になる。自分のやりたいことを進めていく上で大切な人間関係を、飲み会のような場所で育てていくこともできる。

「そんなことはない。良い仕事や良いアイデアを出せば、やりたいことはできるはずだ。その仕事を見ずに人間関係みたいなもので左右されるなんて……」と思う人もいるだろう。それはきっと正しい。しかし、人はそれでは動かない。そのことが理解できていないようであれば、先程の「人生経験」が圧倒的に足りていない。

義務ではないがやらなくてはいけないことを「やらないといけない……」という意識のままにしておくと、逆に面倒くさいことになってしまう。どうせなら、その時間と経験からできるだけ多くのものを得られるように積極的に関わった方がいい。それは、誰のためでもないあなたのためだ。いつまでも小さな頃のように親や上司が守ってくれることもない。自分の人生の主役になっていこう。

9：悩みや失敗とは無二の親友になる

できるだけ、悩みや失敗を避けたい人もいるだろう。
本当はお金が欲しいけれど、悩みや失敗を抱えるのがイヤだからたくさん仕事をしたくないという人もいると思う。しかし、想像してみてほしいのだが、悩みがない人生なんてあるだろうか？

Q：悩みや失敗がなくなると、どうなると思いますか？

僕は、悩みや失敗はなくならないものだと思うし、なくなってはいけないとも思っている。生き続けている限り、どんな良い状態になっても、その状態にふさわしい悩みがやってくるものだ。
僕も、20代の頃はたくさん働いたので「ゆっくりしたい」という悩みが生まれた。そこで海外を旅することにした。旅をしていた数年の間は、「寝たい時に寝て、食べたい時に食べて……」という欲望のままの生活をしていた。こう聞くと、「夢のような生活だ！」と思うだろう。しかし、たった1年で、僕は「人の役に立つことがしたい！」と強く思うようになっていた。ただダラダラするだけの毎日ではなく、何かにチャレンジしたくなってきたのだ。言い方を変えると、毎日に張り合いがなくなり、何のために生きているのだろう？と考えるようになってしまったのだ。

要するに、ラクしかなかった毎日を過ごした結果、「ラクから抜け出したい」と悩みはじめたのだ。そこからすぐに帰国をして会社を興《おこ》すことになる。どんな状態になっても、悩みからは逃れられないということがよくわかった。

あなたも悩みから逃げることはできないのだから、うまく関わった方がいい。前のページで話したように、悩みという壁を乗り越えることで人は成長していける。**「なんで？」という質問で悩みの原因を明確にし、「どうすれば？」という質問で解決策を考えていけばいいのだ。**そんなに難しい話ではない。

失敗して当たり前だ

「失敗」というものからも逃れられない。多くのことは考えるだけでなく、行動してみないと本当のところはわからないのだから、失敗を恐れずに行動することだ。**失敗をすればするほど、「本当」にたどり着ける。**ただ、そこには意識が必要だ。「なぜ失敗したのか？」「次は何を改善するのか？」ということをちゃんと考えないと、また同じ失敗を繰り返して成長のない人で終わってしまう。

もし、あなたが失敗を恐れているようであれば、何を恐れているのかをしっかりと考えてみよう。失敗することの何が恐いのだろう？　みんなからできない人だと思われること？　できない自分を認めること？　何を恐れているのだろう？　それは、本当に恐れるべきものなのだろうか？

僕は失敗した人を見ても、ダメだなとは思わない。「そうだろうな。できないことにチャレンジしているのだから、できなくて当たり前だよな」と思うだけだ。むしろ、失敗を恐れて何も行動しない人を見るとダメだなと思う。あなたのところには、失敗しても挽回できるくらいの問題しかやってこない。何も恐れることはないのではないだろうか？

また、起こった過去を変えることはできない。その事実を取り消すことはできないのだ。しかし、意味合いを変えることはできる。「良いことか」「良くないことか」の認識を変えることができるのだ。僕は10年くらい前に離婚をした。それは事実だ。しかし、それは良くないことだと思っていない。ちゃんと自分の意思を伝え話し合った上でのことだし、離婚をするという経験をしたことでより深く愛について知り、経験することができた。あの出来事のおかげで今の僕があると本当に思っている。これははじめからそう思っていたのではなく、そう思おうとして創り上げたものだ。

過去に起きたことは変えようがないのだから、自分にとって都合が良いように解釈をした方がいい。そう考えると、起きた出来事を「失敗」だと思うこともできるし「成長のきっかけ」だと捉えることもできる。

悩みも失敗も、どちらも逃げ切れないものなのだから、逃げることは諦めて、うまく関わることを学んでいこう。

10：責任を楽しむ

大人になると楽しいことが増えてくる。欲しいものだって買えるし、やりたいこともできる。しかし、できることが増えるということは、同時に責任も増えるということだ。

例えば、自転車に乗れるという楽しさを覚えれば、人にケガをさせてはいけないという責任が生まれるだろう。心地よい家を借りることになれば、家賃という責任が発生する。何かを買うということには、支払うという責任が発生するし、日本に生きている以上、納税の義務もある。責任とは、あなたがやらなくてはならないことだ。

Q：「やらなくてはならないこと」は、どうすれば「やりたいこと」になりますか？

仕事も同じだ。「責任」と「対価」は同じだけある。

「コピーをとっておいて」などの簡単な仕事であれば、伴う責任も少ないが、得られる喜びも少ない。
世の中は与えたものが返ってくる。大切にされたいのであれば、大切にすることだろう。評価されたいのであれば、それに見合う仕事をすることだと思う。給料を上げてほしい、休みが欲しい、残業を少なく……などと自分の条件を言うのであれば、それに伴う責任もちゃんと背負うことだ。それができる人にだけ、得られるものがある。

そう聞くと、何だか大変なことに思えるかもしれないが、そんなに難しいことではない。また、果たすべき責任も工夫しだいでは「やりたいもの」になっていくし、あなたにできない責任を負わされることはまずないのだから、やるべきことをちゃんとやればいいというだけの話だ。評価を求める前に責任を果たしてみよう。評価は後から自然とついてくるはずだ。評価が先に高くなることはない。

今を、変えていこう

「何かを変えよう！」と決意しても、三日坊主で終わるなんてことがよくある。人は「慣れる」生き物だから仕方ないことだ。

この「慣れる」という力の方が「今日から変わる！」という意識よりも強いので、頭で決意をしても三日坊主で終わってしまうのだ。ということは、逆に言うと習慣化さえできてしまえば最高の自分を生きていくことができる。ここで話したことは読むだけでは意味がない。三日坊主でも意味がない。「こんな行動をしよう」「こう考えよう」など、一つでもいいので意識して今日を過ごしてほしい。はじめは違和感があるかもしれないが、徐々に慣れていって、当たり前になっていくだろう。

さいごに

ここまでこの本を読んで、今、どんな気持ちだろう。一番はじめに話したような仕事のモヤモヤは少なくなってきただろうか。

最後に、あなたにお願いがある。

今、世の中は混乱している。変化していく時代だ。

世界は「治世」と「乱世」という二つの時代を繰り返している。「治世」とは、世の中が一つの価値観で治まっている時代のことを言う。逆に「乱世」とは、これまでの時代を壊して、新しいものを創造していく時代だ。

平安時代は治世の時代だった。貴族中心の世の中として治まっていたのだ。治世の時代が続くと壊そうとする人が生まれて、戦国時代という乱世の時代になった。戦国時代は、これまでを壊して新しいものを生み出す混乱の時間だ。そして、次は、江戸時代という武士中心の時代に治まっていった。またそれが続くと壊そうとする動きが生まれ、明治維新が起こった。今は、戦後の高度成長期という治世の時代が終わり、これまでを壊し、新しいものを創造していく乱世の時代になっている。

かつての高度成長期のような治世の時代に求められる人は、秩序を守り、管理ができる人だった。物を作りさえすれば売れていた時代だから、売上を上げるにはより多くを作ることが大切だったのだ。だから、管理や効率が大切だし、長時間働くことで売上を上げてきたのだ。しかし、その時代も終わりを告げた。

今は、これまでの価値観を壊して、新しいものを創造していく時代だ。これまで売れていたものは売れないし、これまでのやり方は通用しない時代なのだ。こんな時代には、何でもできる人ではなく、ある特定のことしかできないけど、それは誰にも負けないというものを持っている人や、これまでの常識を疑えるような人、壊して創造できる人、斬新な発想ができる人、行動していける人が求められていて、長い時間働くよりも、確実な結果（変化）をもたらすことが評価される。

時代の変化とともに、求められる人も価値観も変わってきているのだが、前の時代を生きてきた人は、自分の価値観が全てだと思いがちだ。彼らにとってはそれが正解なのだから、次の時代を生きているあなたたちを理解することは難しい。そして「最近の若者は……」という発想になってしまう。そして、あなたたち若い世代も、上の世代を理解することは難しくて「老害が……」という話になってくる。

しかしだ。ここでも、どちらが正しいかという話をしていても平行線にしかならない。お互いに正しい言い分があるのだから、いがみ合っても何もはじまらない。若い世代であるあなたは、したたかに先人の教えを請い、次に活かせるものはちゃんと受け継ぎ、いらないものはばっさりと捨て、新しい時代の答えを創っていかなくてはならない。

20年くらい前までは、「もっと多く、もっと便利に、もっといろいろなものを！」という、わかりやすい一つの幸せの旗があった。しかし、今、それはもうない。今、僕たちは次の時代の旗を必要としている。次の時代を生きる人たちの指標になっていかなくてはならないのだ。

その答えはどこにもない。僕たちの手で考え、創っていこう！

最後になったのだが、この本を世に出してくれた徳間書店の竹内琴子さん。この本を執筆するにあたってインタビューを受けてくれた皆様。僕に質問の楽しさを教えてくれたマツダミヒロさん。一緒に切磋琢磨してくれている仲間たち。いつも僕の勇気でいてくれる両親。これまでに関わってくれた全ての人。そして、最後まで読んでくれたあなたに、心からの感謝を述べたい。

この本に基づいた講演依頼などを承っています。より多くの人が、自分らしく活躍できる社会を創っていく機会を与えてもらえると嬉しいです。

【本書に出てきた77の質問】

Q：どんな時に、幸せだなと感じますか？
Q：最近、どんな楽しいことがありましたか？
Q：今、ワクワクしていることは何ですか？
Q：今、うまくいっていることは何ですか？
Q：今、うまくいっていないことは何ですか？
Q：どんな時に不安な気持ちになりますか？
Q：今、楽しめていることは何ですか？
Q：今、どんなことで悩んでいますか？
Q：上司や同僚など、周りの人にお願いしたいことは何ですか？
Q：自分のどんなところを褒めたいですか？
Q：どうすれば、もっと心地よく働けると思いますか？
Q：「働く」って何ですか？
Q：あなたは、何のために働いているのですか？
Q：もし、いくらでもいいとしたら、どれくらいのお金が欲しいですか？
Q：もらったお金は何に使いたいですか？
Q：もし、お金に困らないとしたら、何をして過ごしますか？
Q：「やりがい」って何ですか？
Q：どんな時にやりがいを感じますか？

Q：どうすれば、毎日をもっと楽しめますか？
Q：なぜ、成長したいのですか？
Q：成長した自分になれたら、何をしたいですか？
Q：どうなったら、成長したなと思えますか？
Q：仕事の人と、どんな関係を築きたいですか？
Q：自分と周りの人との違いをどう楽しみますか？
Q：人間関係をより良くするために、あなたができることは何ですか？
Q：誰に、どう褒められたいですか？
Q：自分で自分のどこを褒めますか？
Q：もし何でも叶うとしたら、何を叶えたいですか？
Q：人生をどんな時間で埋め尽くしたいですか？
Q：あなたが働くことで、誰が、どんなふうに喜びますか？
Q：もし神様になれたら、世の中をどう変えたいですか？
Q：どんな時に、「楽しいな！」と感じますか？
Q：どうすれば、自分を信じることができますか？
Q：幸せとは、具体的にどうなることですか？
Q：「天職」の条件は何ですか？
Q：天職と出会うと、どんないいことがあると思いますか？
Q：あなたの強みや武器は何ですか？
Q：仕事の対価として得たいものは何ですか？

Q：10年後、どんな手紙をもらいたいですか？
Q：時間を忘れて夢中になれることは何ですか？
Q：周りの人に褒められることは何ですか？
Q：周りの人に頼まれることは何ですか？
Q：仕事を通して周囲にどんな影響を与えたいですか？
Q：これまでに乗り越えてきた悩みやコンプレックスは何ですか？
Q：これまでに感動した出来事は何ですか？
Q：今の世の中を見て「問題だな」と思うことは何ですか？
Q：その仕事には、どんな良いところがありますか？
Q：良い仕事とはどんな仕事ですか？
Q：どんな人と話したいですか？
Q：今できることは何ですか？
Q：どんな状態になったら、次に進めますか？
Q：「働き方を考える」とは、具体的に何をすることだと思いますか？
Q：働き方に何を求めていますか？
Q：安定するとは、具体的にどうなることですか？
Q：どんな経験をしたいですか？
Q：今、働き方に対してどんな不満がありますか？
Q：もし何でも叶うとしたら、どんな働き方をしたいですか？
Q：何を変えていきますか？

Q：羨ましいなと思うことはどんなことですか？
Q：まずできる小さな一歩は何ですか？
Q：自分が成長していくのは、何のためですか？
Q：社会や会社から大切にされる人は、どんな人ですか？
Q：あなたは、何者ですか？
Q：自分にどんな投資をしますか？
Q：今の社会で生きていくために、どんな力が必要ですか？
Q：どうなることが、「幸せ」ということですか？
Q：20代の今、やっておきたいことは何ですか？
Q：年上の友だちとどんな話を楽しみたいですか？
Q：物事を選ぶ時に、何を大切にしていますか？
Q：捨てたいもの、やめたいことは何ですか？
Q：あなたはどんな人だと思われていますか？
Q：必要な情報をどうやって見極めますか？
Q：どんな経験をしてみたいですか？
Q：どんな言葉を使いたいですか？
Q：どんな人生にしていきたいですか？
Q：悩みや失敗がなくなると、どうなると思いますか？
Q：「やらなくてはならないこと」は、どうすれば「やりたいこと」になりますか？

河田真誠（かわだ・しんせい）
1976年生まれ。答えを教えるのではなく、相手に問いかけることで、企業の問題を解決に導く「しつもんコンサルタント」。指示命令ではなく質問をすることで、自ら考え行動する部下を育てていく「しつもんマネージメント」や、売り込むのではなく質問をすることで、買いたい気持ちを引き出していく「しつもん営業」などをテーマに、全国の企業や業界団体などで講演や研修を行い、これまでに約10万人に影響を与えてきた。
主な著書に、『革新的な会社の質問力』（日経BP社）、『私らしく わがままに 本当の幸せと出逢う100の質問』（A-Works）、『人生、このままでいいの？最高の未来をつくる11の質問』（CCC メディアハウス）がある。
講演依頼などは、http://shinsei-kawada.com/

悩みが武器になる働き方
20代の今、考えておきたい仕事のコト

第1刷　2019年7月31日

著　者　河田真誠
発行者　平野健一
発行所　株式会社徳間書店
〒141-8202　東京都品川区上大崎 3-1-1
目黒セントラルスクエア
電話 編集（03）5403-4344　販売（049）293-5521
振替 00140-0-44392
印刷・製本　図書印刷株式会社

ISBN978-4-19-864886-2